加藤優一 著

銭湯から広げる

場と人のつなぎ方

小杉湯に学ぶ、

まちづくり

はじめに：
老舗銭湯「小杉湯」から広がる、銭湯のある暮らし

　東京都杉並区高円寺に「小杉湯」という銭湯がある。1933年の創業以来、若者からお年寄りまで多くの人に愛されており、1日500人もの人が訪れる人気銭湯だ。2020年、その隣に「小杉湯となり」というシェアスペースがオープンした。銭湯と同じように多様な世代の人が集い、湯上がりに食事をしたり、仕事終わりにくつろいだり、思い思いに使われている。

　実はこの場所、小杉湯が直接運営しているのではなく、小杉湯のお客さんが会社をつくって運営している。会社の名前は「銭湯ぐらし」。私を含む創業メンバーの10人はもともと小杉湯の常連で、2017〜2018年にこの地にあった風呂なしアパートで共に生活をした仲間だ。会社が目指すのは、「銭湯のある暮らしを広げる」こと。2023年現在、小杉湯となり以外にも空き家を活用したまちづくり

風呂なしアパート活用
2017〜2018

小杉湯となり運営開始
2020〜

周辺の空き家活用
2021〜

銭湯ぐらしの活動の変遷

を展開しており、それに伴い利用者も運営者も増えている。運営メンバーだけでも 20〜80 代までの約 50 名が関わり、新しいチャレンジを続けている。

　開業から 3 年、これまで多くの質問を受けてきた。

「なぜ、そんなに人が集まるの?」

「まちづくりって、何から始めればいい?」

「コミュニティづくりのコツを教えてほしい!」

　こんな質問を受けていると、まるで私たちの活動が順調に進んできたと思われるかもしれないが、まったくそんなことはない。素人が事業を始める苦労、オープン直後のコロナ対応など、試行錯誤の連続だった。しかし課題にぶつかるたびに「銭湯の居心地」や「銭湯が長く続く理由」に向き合いながら、困難を乗り越えてきた。

　銭湯は、日常にある「まちの居場所」だ。お湯に浸れば、1 人になることもできるし、言葉を交わさなくても人とのつながりを感じられる。この居心地は、時間を掛けてお客さんやスタッフによって育まれ、新しいお客さんへと受け継がれている。本書の「銭湯から広げるまちづくり」は、そんな銭湯における「場」と「人」の関係性を参考にしている。私たちは、自分が良いと思える暮らしづくりから始め、共感してくれる人を少しずつ増やしてきた。最初は 1 つの場づくりだったが、関わる人の主体性や地域の資源がつながることで面的な広がりが生まれている。

建築・まちづくりを仕事にしている私は、銭湯から普段の仕事にも通じるたくさんの気づきを得てきた。時代を越えて培われてきた空間面・運営面の工夫を知ることで、まちづくりのノウハウだけではなく、自らの暮らし方・働き方に対する学びもあった。また、建築というと「つくったら終わり」というイメージがあるかもしれないが、今回のプロジェクトは企画から運営まで関わることで、当事者としてリアルな場づくりを知ることになった。そして、まちづくりとは、行政や企業だけが行うものではなく、その土地で暮らす私たち自身が担うものだと実感するようになった。本書では、それらのプロセスから得た、実践的な学びをまとめている。

　1章では、小杉湯と小杉湯となりの概要を紹介し、2章では、小杉湯となりをつくるきっかけになった風呂なしアパートでの生活実験を振り返る。3章では、実験から得た学びを空間のデザインや事業の計画にどう落とし込んでいったかを整理し、4章ではオープン後の試行錯誤と、現場・組織におけるマネジメントの工夫をまとめる。そして5章では、小杉湯となりを起点に複数の拠点がまちに広がっていく経緯を追い、最後の6章で、一連の取り組みを通して得られた知見を踏まえ、空間・組織の新しい捉え方を提示する。

　整理すると、2章が実験フェーズ、3章が計画フェーズ、4章が運営フェーズ、5章が展開フェーズとなる。最初から読むと時系列で全体を把握できるようになっているが、興味のあるところから読

んでいただきたい。なお、各章の最後には、まちづくりを進めるうえでのヒントを、できるだけ一般化してまとめている。

　念のためお断りしておくが、本書は銭湯経営や銭湯文化を論じるものではない。私自身も銭湯を経営しているわけではなく、銭湯という地域資源を活かしてまちづくりを行っている。また、今回のフィールドは「高円寺」という地域にある「小杉湯」という銭湯だが、場所によって条件は異なるため、同じ手法をそのまま横展開できるわけではない。しかしながら本書の内容には、他のまちづくりにも活用できそうなポイントがいくつも含まれている。人が集まる場のつくり方、主体性を育むチームのつくり方、長く続けるための運営方法、地域資源を活かしたエリア再生手法など、銭湯から学ぶことは多い。なお、小杉湯も最初から繁盛していたわけではなく、近年の新しい取り組みの結果客足を伸ばしており、そのプロセスも学びになるはずだ。

　本書の気づきが、さまざまな空間・組織・事業にカスタマイズされ、銭湯のような居心地がまちに広がっていくことを願っている。また、銭湯を暮らしに取り入れる人が増えることで、結果的に全国の銭湯が続いていくことに少しでも寄与できれば幸いだ。

2-2 銭湯から事業を見出す 「銭湯×○○」の可能性

2-3 銭湯ぐらしで再発見した銭湯の価値 現代が求める、ゆるくつながる居心地

実験フェーズのヒント 大きな計画ではなく、小さな実験から ·····70

3章 銭湯のある暮らしを広げる、まちのシェアスペース
小杉湯となり新築計画 ·····································74

3-1 小杉湯となりの事業化プロセス 全員兼業の弱さと、当事者としての強さ

3-2 銭湯に学ぶ、空間デザイン　場を介したコミュニケーションの設計

計画フェーズのヒント　ソフトとハードを一体的に考える ・・・・・・ 96

4 章　銭湯の居心地をつくる

4-1 オープン直後の緊急事態宣言　安心できる暮らしを守るために

4-2 悩んだ末の会員制への切り替え　自宅以外に暮らしの拠点がある大切さ

5章　銭湯を起点にしたエリアリノベーション

5-1　銭湯×空き家活用　暮らしの拠点をつなぎ合わせる

5-2　全国への展開

6 章　銭湯に学ぶ、実践的計画 ···················· 194

6-1　当事者としての実践的計画
プロジェクト全体に関わることで実現できる風景

6-2　実践的計画から見えてきた、新しい空間と組織

1 章

常連客が始めた新しい事業
「小杉湯となり」

1-1

暮らしを持ち寄れる、新旧のシェアスペース

1日500人が訪れる人気銭湯「小杉湯」

　高円寺駅から徒歩5分。商店街を抜けて住宅街に入ると、細い路地の向こうに寺社仏閣を思わせる宮造りの建物が現れる。暖簾をくぐると気さくな番台さんが「いらっしゃい」と声を掛けてくれる。待合室には、湯上がりに漫画を読む人や、コーヒー牛乳を美味しそうに飲み干す人たち。いざ、500円の入浴料を支払い脱衣所に進むと、高い格天井が広がる。そして、奥に進むと掃除が行き届いた浴室と大きな富士山のペンキ絵が出迎えてくれる。

　お風呂は4種類。名物のミルク風呂、日替りの熱湯とジェットバス、地下水かけ流しの水風呂だ。入浴方法は人それぞれだが、熱湯と水風呂に交互に入ることで自律神経を整える「交互浴」が人気だ。営業時間は、15時半から深夜の1時半まで。開店前は常連の年配客が列をつくり、遅い時間になると学生やビジネスマンが増えてくる。終電で帰ってきても、いつもあたたかく迎えてくれるのがありがたい。

　小杉湯が他の銭湯と大きく違うのは、若い利用客の多さだ。掃除

に力を入れているだけあって、隅々まで清潔感があるほか、レンタルタオルやシャンプーはもちろん、クレンジングから化粧水まで、アメニティも完備されているので、初めて訪れる人も安心して利用することができる。毎週のように行われるイベント、季節に合わせた日替わり湯や商品の販売など、毎日来ても飽きない工夫もなされている。また、営業時間前には、お年寄りも楽しめるヨガ教室などが行われており、多様な世代が共存するシェアスペースのように使われている。そんな小杉湯の隣にあるのが、本書の主題である小杉湯となりだ。

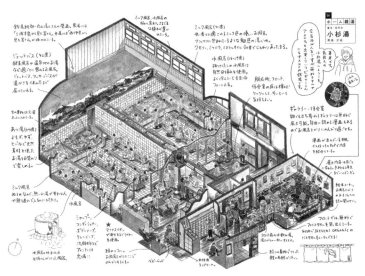

小杉湯図解（出典：塩谷歩波『銭湯図解』中央公論新社、2019年）
浴室は東京に多い形式で、洗い場の奥に湯船があり、壁に富士山のペンキ絵が描かれている

本書の舞台となる高円寺。関東大震災後に住宅地がつくられ、戦後に若い作家が移り住むことでサブカルチャーが育まれた。現在も住宅地からほど近い商店街に音楽や古着の店が並び、高架下には昔ながらの赤提灯が灯る

小杉湯の脱衣所。格天井と漆喰壁が特徴的。ピカピカに磨かれたヒノキの床は、素足で歩くと気持ちが良い

小杉湯の外観。関東大震災以降に復興のシンボルとして建てられた銭湯の特徴を残す。屋根は曲線を描いた唐破風・三角の千鳥破風を組み合わせた入母屋造り。木彫の鯉は懸魚と呼ばれる火災のお守り

小杉湯の浴室。白いタイルで構成された清潔感のある内装。高い窓から光が差し込み、湯面を照らす

銭湯のある暮らしを体験できる「小杉湯となり」

　小杉湯となりは、その名の通り小杉湯の隣にある3階建ての建物だ。1階は、大きなキッチンとテーブル席がある台所のような場所。2階は畳の小上がり席がある書斎のような場所、3階は銭湯を一望できるベランダつきの個室からなる。コンセプトは「銭湯のある暮らしを体験できる場所」。銭湯で大きなお風呂に入った後にご飯を食べたり、仕事をした後にくつろいだり、銭湯のようにそれぞれの暮らしを持ち寄れる、銭湯つきシェアスペースだ。

　小杉湯となりがオープンしたのは2020年の3月。当初は1階を飲食店、2階をコワーキングスペース、3階を長期滞在スペースとして運営していた。その後、コロナ禍の試行錯誤を経て2023年現在は、平日を会員制のシェアスペース、休日を飲食店として運営している。運用方法は変わったが、使われ方は変わらない。銭湯がまちに開かれたお風呂であるように、小杉湯となりは地域の人々にとってのまちの台所や書斎として親しまれている。

ニ
小杉湯となり
KOSUGIYU TONARI

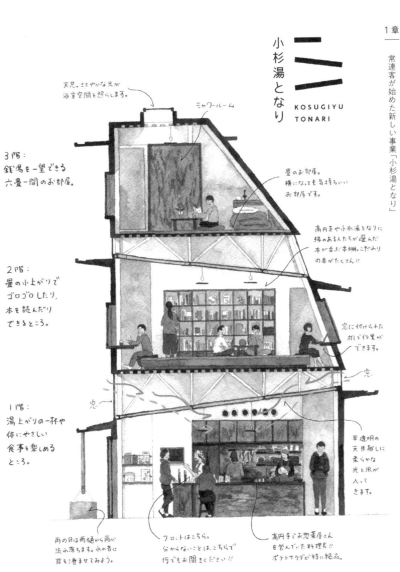

天窓。ささやかな光が
浴室空間を照らします。

シャワールーム

3階：
銭湯を一望できる
六畳一間のお部屋。

畳のお部屋。
横になっても気持ちいい
お部屋です。

高円寺や小杉湯となりに
縁のある人たちが選んだ
本が並ぶ本棚。こだわり
の本がたくさん!!

2階：
畳の小上がりで
ゴロゴロしたり、
本を読んだり
できるところ。

窓に付けられた
机で作業が
できます。

窓

1階：
湯上がりの一杯や
体にやさしい
食事を楽しめる
ところ。

窓

半透明の
天井越しに
柔らかな
光と風が
入って
きます。

雨の日は雨樋から雨が
流れ落ちます。水の音に
耳を澄ませてみよう。

フロントはこちら。
分からないことは、こちらで
何でもお聞きください!!

高円寺でお惣菜屋さん
を営んでいた料理長!!
ポテトサラダが特に絶品。

小杉湯となりの断面イメージ

小杉湯・小杉湯となりの鳥瞰

1階：湯上がりの食卓を楽しむ

　小杉湯を出て、ランドリーの脇にある入口から小杉湯となりに入ると、番台の代わりにキッチンカウンターが出迎えてくれる。中央に大きなダイニングテーブル、壁沿いには小さいテーブルやベンチが置かれていて、湯上がりにビールを飲む人や、仕事終わりに夕飯をつくる人、偶然居合わせ世間話を楽しむ人たちの姿がある。時間や状況に応じて自由な過ごし方ができる、地域に開かれた台所のような場所だ。壁沿いには、高円寺のおすすめ情報を伝えるマップやギャラリー、銭湯で使えるオリジナルグッズの販売コーナーなどが設けられており、まちとの接点になっている。

　また、大きなガラス戸により、外から中の様子を伺うことができるほか、あたたかい日には開け放つこともできる。軒先に出したベンチには、小杉湯となりの利用者だけではなく、小杉湯上がりに夕涼みをする人やランドリー待ちの人も座っており、まちの縁側のように使われている。

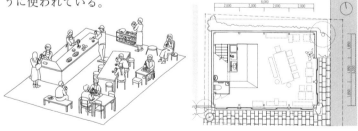

1階平面図

2階：仕事の前後に銭湯でリフレッシュ

　キッチンカウンターの裏にある階段をのぼると、視界が一気に開け、約15畳の小上がりが広がる。2階は、窓際にカウンター席、中央にちゃぶ台がある書斎のような場所だ。読書や仕事に集中する人もいれば、畳でゴロゴロする人もいる。隣に銭湯があることでひと仕事してひとっ風呂浴びに行けるのもポイントだが、無機質なワークスペースにはない、ほどよいゆるさも好評だ。

　1階は南側の高い窓からたくさんの光を取り入れているが、2階は北側から穏やかな光を取り入れており、1階とは対照的に落ち着いた時間が流れる。大きな本棚には、高円寺に縁がある方の選書コーナーや、運営メンバーのお子さんが選んだ絵本が並び、棚ごとに個性が現れる。カウンター席からは、窓越しに歴史ある小杉湯の外観を眺めることができる。夕方、周囲に響き渡るカランの音を聞きながら作業に集中できるのはこの立地ならではだ。

 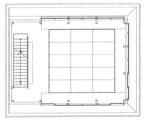

2階平面図

小杉湯となり1階：入口はランドリーの脇にある小道の先。白と木を基調にした内装に、テーブル席が並ぶ

小杉湯となり2階：畳の小上がり席から小杉湯が見える。電源・Wi-Fi・プリンター、プロジェクターなどを完備

3階：銭湯を一望しながらくつろぐ

　3階には六畳一間で自分の時間を過ごせる個室がある。湯上がりに昼寝をしたり、オンラインミーティングを行ったり、プライベートな空間として使うことができる。ベランダからは銭湯を一望することができ、天気が良い日には、富士山や夕日も眺められる。夏にはハンモックに揺られながら夕涼みをするのもおすすめだ。

　ベランダから見下ろすと、小杉湯と小杉湯となりの間には小さな中庭がある。この中庭は、あえて使い方を決めすぎずに余白の空間として残している。季節の植物に囲まれた場所で、日向ぼっこをするもよし、畑作業をするもよし。週末には、中庭や軒先などを活用したイベントなどを行うことで、地域とのつながりも生まれている。

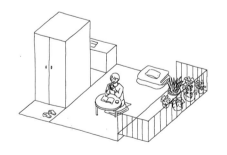

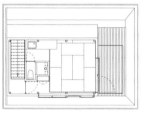

3階平面図

小杉湯となり3階：ベランダから高円寺のまちなみを眺めることができる

小杉湯となりのイベントの様子：多様な世代が集まる銭湯らしい風景

小杉湯となりの成り立ち：歴史の延長にある取り組み

「銭湯のある暮らしを体験できる場所」として生まれたのが小杉湯となりだが、このコンセプトと同じくらい特徴的なのが、その運営形態と成り立ちだ。小杉湯となりという名前なので、当然ながら小杉湯が運営していると思われることが多いのだが、冒頭でも書いたとおり、実はこの場所を運営するのは小杉湯の常連たちがつくった会社だ。小杉湯となり誕生のきっかけは、オープン3年前の2017年にさかのぼる。かつてこの場所には小杉湯が所有する、解

小杉湯と銭湯ぐらしの歩み

小杉湯	1933年	小杉湯 創業（小山惣太郎氏）
	1953年	平松吉弘氏が小杉湯を購入
	1978年	中普請（大規模改修）
	1984年	小杉湯の隣にアパート建設（風呂なしアパート①）
	1985年	平松茂氏が二代目に就任
	1989年	中普請
	2004年	中普請（水風呂・ジェット増築）
	2016年	平松佑介氏が三代目として働きはじめる
	～三代目と筆者の出会い～	
銭湯ぐらし	2017年	銭湯ぐらしプロジェクト開始 （風呂なしアパート①での生活実験）
	2018年	（株）銭湯ぐらし設立
	2019年	小杉湯となり 計画
	2020年	小杉湯となり オープン（新築事業）
	2021年	小杉湯となり - はなれオープン（古民家活用）
	2022年	小杉湯となり - 別荘オープン（連携事業） 湯パートやまざきオープン（風呂なしアパート②活用）

1984～2020

2020～

体を控えた風呂なしアパートがあった。

　その少し前に上京し、小杉湯に足しげく通うようになっていた私は、小杉湯三代目の平松氏との番台越しの何気ない会話をきっかけに、この空きアパートを1年限定で活用することになる。早速、同世代の常連ら数名に入居者にならないかと声を掛け、アパートで共に暮らすプロジェクト「銭湯ぐらし」を立ち上げた。そして、アパートに集まった仲間と法人をつくり、アパート解体跡地に建てる新築の建物として小杉湯となりを企画・運営することになったのだ。つまり、小杉湯は「お客さん」である私たちに、新しい事業を任せるという思い切った決断をしたことになる。それだけ聞くと突飛な判断に聞こえるが、この判断にこそ小杉湯の経営哲学が現れている。小杉湯は創業以来、親子三代を通して新しいチャレンジを続けてきた。その延長線上に私たちの事業は成り立っている。そして現在も取り組みは広がり続けており、小杉湯となり以外にも、周辺の古民家を活用したサテライトスペース「小杉湯となり‐はなれ」、空きアパートの再生した「湯パートやまざき」などが生まれている。

　次節では、小杉湯となりが誕生するプロセスの前に、小杉湯の歴史を簡単に紹介し、小杉湯の経営哲学がどのように受け継がれ、その一部が私たちに託されたのかを紐解いていく。

小杉湯が目指す100年を見据えた環境づくり

初代の教訓：掃除を一番大事にする

　　小杉湯が創業されたのは1933年のこと。名前の由来は小山惣太郎という人が杉並区につくったからだそうだ。その後、戦火を逃れた建物を新潟から上京してきた平松吉弘氏が購入して、1953年から平松家の家業として運営がスタートした。創業以来、建物は増改築を繰り返しながらも伝統的な佇まいを守り続け、2020年には国の登録有形文化財に指定されている。

　ここ数年は都内でも人気の銭湯として注目される小杉湯だが、最初から人気だったわけではない。当初の経営状況は思わしくなかったが「いつも清潔でキレイにする」ことを徹底し、少しずつお客さんを増やしてきたそうだ。この初代の経営姿勢は、小杉湯の教訓として代々受け継がれていく。1970年頃に銭湯は最盛期を迎え、小杉湯も地域住民の暮らしを支える生活拠点として定着していった。しかし浴室つきの住宅が普及する1980年頃から、多分に漏れず小杉湯の客足も減りはじめる。このタイミングで二代目へとバトンは渡る。

二代目の挑戦：あえて滞在時間を延ばす

　二代目・平松茂氏が就任した 1985 年には、銭湯
は衰退期に入り、危機感を感じはじめていたという。
そこで彼が挑戦したのは滞在時間を延ばすことだ。

銭湯では中普請といって 15〜20 年に一度の大規模改修を行うが、
その際に水風呂と待合室を整備し「30 分の滞在時間を 1 時間にす
ること」を目指した。一般的には回転効率を上げるという発想にな
りそうだが、逆に滞在時間を延ばすことで、お客さんに心地よく過
ごしてもらおうと考えたのだ。また、駅から近いという立地を活か
して、さまざまな人が関わる工夫を凝らした。待合室の壁をギャラ
リーとして貸し出したり、営業時間外で落語や演劇を開催したり、
時には駅前のミュージシャンをスカウトしてライブを行うなど、入
浴以外の目的でも楽しんでもらうことで、客層を広げていった。

平松家の集合写真　　　　　　　　待合室　　　　　　　　　　水風呂

三代目の改革：家業から事業へ

　　2017年、三代目として平松佑介氏が就任する。彼は住宅メーカーとベンチャー企業で働いた後、小杉湯を継いだ。最初に決めたミッションは、先代からのバトンをつなぎ「100年先まで続ける」ことだったという。そこで着手したのが、小杉湯の法人化だ。当時は家族だけで切り盛りしていたが、定休日以外の決まった休みはなく、会計も手計算で行うなど、運営の仕組みが十分に整っていない状況だった。次の世代のためにも持続可能な運営体制を整えたいとの思いから、法人化に踏み切ったのだ。その後、経営を家族以外に開き、イラストレーターや経営コンサルタント、コミュニティマネージャーなど、これまで銭湯に馴染みのなかったキャラクターが参画した。そして、新しい仲間と一緒に小杉湯が大切にしていることを改めて言語化しつつ、経営の見直しや新たな取り組みに落とし込んでいった。

左：小杉湯三代目就任後
　　のコアメンバー
右：2023年現在の小杉湯
　　経営メンバー
　　現在は三代目の弟が
　　店長を務める

「環境」を守る：イベントで人が集まるわけではない

　小杉湯が大切にしている取り組みの1つ目は、「環境」そのもの
を守ることだ。銭湯の本質は「清潔な空間に気持ちの良いお湯があ
る環境」そのものだという認識のもと、毎日4人で4時間掛けて
念入りに清掃が行われている。多様なイベントを企画していること
もあり、「イベントを行うことで人が集まる銭湯」だと思われるこ
とも多いが、実際はその逆だ。「人が集まる銭湯だからイベントが
生まれる」のである。

　新しい取り組みに果敢に挑みつつも、その背後で銭湯という場の
居心地を保つことに誠実に向き合い続ける。特定のだれかのためで
はなく、だれにとっても居心地の良い環境を大切にする姿勢が、多
くの人に愛される秘訣なのかもしれない。

小杉湯の清掃風景

「ケの日のハレ」を提供する：ライバルはスタバ

　小杉湯が大切にしている取り組みの2つ目は「ケの日のハレ」を提供することだ。「ケ」は日常、「ハレ」非日常を意味する言葉なので、「ケの日のハレ」とは日常の中の非日常を表している。家の風呂が日常、温泉が非日常だとすると、小杉湯はその中間にある「ちょっとした幸福感」を目指している。

　その考えを体現する方法の1つが、アメニティへのこだわりだ。バスタオルはオーガニックコットンを利用した「IKEUCHI ORGANIC」、タオルを洗う洗剤は手づくりの製法にこだわる「木村石鹸」、その他にも消臭剤は100%植物由来の「ハル・インダストリ」が使われている。良いものを選んでいる分コストは掛かっているが、利用料は良心的な金額に抑えている。また、毎日来ても楽しめるよう日替わり湯に力を入れており、さまざまな企業や生産者とのコラボレーションを行っている。そんな小杉湯は当時ライバルを「スターバックス」に設定していた。ワンコインで1時間ほど過ごせる場所と捉えると、カフェに近い存在でもあるのだ。

　このように、新しい取り組みを進める三代目だが、継業した当時は不安が大きかったという。小さい頃から斜陽産業と言われ続けたこともあり、番台から身動きが取れなくなる孤独な日々を想像していたらしい。しかし予想は良い意味で裏切られる。継業した直後に

ある出会いがあり、そこから数珠つなぎに人とのつながりが広がっていった。それが私たち「銭湯ぐらし」との出会いだ。私と三代目の出会いをきっかけに、銭湯ぐらしが小杉湯の事業の一端を担っていくことになる。

小杉湯の日替わり湯・イベントカレンダー

左上：小杉湯の無料アメニティ ／ 右上：営業時間前のヨガ教室
左下：「IKEUCHI ORGANIC」との連携イベント ／ 右下：「楯の川酒造」との連携イベント

銭湯を取り巻く現状：1軒あたりの利用者は増えている

　次の章に行く前に、現在の銭湯が置かれた状況と、そのなかでの小杉湯の特徴を補足しておきたい。

　銭湯の数がピークに達したのは1970年頃。東京都内だけでも約2700軒の銭湯があったようだ。戦後、人口が集中した都市部にはまだ風呂のある家が少なく、銭湯は生活のインフラでもあった。しかし高度経済成長期以降は家風呂が普及したことに加え、後継者不足や施設の老朽化などが重なり減少の一途を辿っている。都内の銭湯は2005年時点で約1000軒あったが、2020年時点では約500軒と半分になってしまった。

　一方で、注目すべき変化がある。都内における銭湯の軒数は減っているが、1軒あたりの利用者数は増えているのだ。2013年と2018年の1日あたりの平均利用者数を見ると119人から138人に増えており、閉業する銭湯も多いなかで経営努力を続ける銭湯は順調に客足を伸ばしていることがわかる。施設のリニューアルやランドリー・サウナの充実、グッズ販売やSNS発信など、それぞれの銭湯が工夫を凝らしている。

　そのなかで小杉湯の利用客数は、平日400〜500人、休日ともなると800〜900人にのぼる。さらに、利用者の世代を見ても、多様な世代が満遍なくバランスしており、若い人も多く利用している。

また、利用者にアンケートをとったところ、「体」だけではなく「心」の癒やしが目的になっている人が多いことがわかった。かつての銭湯は、身体的な健康を保つ役割が大きかったが、現在はより精神的な豊かさを手に入れる役割が求められている。そのニーズに応えている銭湯の1つが、小杉湯なのだ。

　近年は銭湯以上にブームになっているサウナを目当てに訪れる利用者も増えているというが、小杉湯はサウナがないのにこの利用者数を誇っていることから、銭湯自体の魅力が受け入れられているようだ。

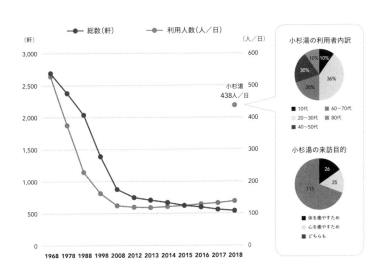

都内の公衆浴場数・1軒あたりの利用者数の推移
（出典：東京都公衆浴場対策協議会資料をもとに筆者作成）

小杉湯の利用者内訳と来訪目的

2章

銭湯のポテンシャルを探る

風呂なしアパートを活用した常連客10人の生活実験

2-1

小杉湯の隣で 1 年限定の「銭湯ぐらし」
今ある資源から未来を考える

解体前の風呂なしアパートを「銭湯つきアパート」へ

　小杉湯となりを建てるきっかけとなったプロジェクト名であり、後に私たちの社名にもなった「銭湯ぐらし」。小杉湯の隣にある風呂なしアパートに、私を含む 10 人のクリエイターが入居し、共に生活しながら「銭湯のある暮らし」の可能性を探ったのが 2017～2018 年のことだ。1 年の生活実験を経て「銭湯のある暮らし」の豊かさを再発見した私たちは、この体験をより多くの人に伝えるべく、小杉湯となりを企画・運営することになる。本章では、この生活実験の概要とそこで得た学びを整理する。なぜ風呂なしアパートから、新しい事業が生まれたのか？　どのように銭湯の価値を見出し、小杉湯となりを着想したのか？　その経緯を紹介したい。

　2016 年 10 月、私は東北にある大学を出た後、設計事務所に就職するため上京することになったのだが、たまたま高円寺に住まいを見つけ、小杉湯が最寄りの銭湯になった。銭湯には小さい頃から通っていたので、自然な流れで足を運んだ。

　当時はハードワーク気味だったので、とにかく疲れを取りたい気持ちで通いはじめた。同時に、見知らぬ土地で人との関係性が希薄だったことも、銭湯に行った理由の1つだ。銭湯に行くと、居合わせた人と言葉を交わさなくても、人とのつながりを感じることができ、どこか安心できた。そんな生活を1年ほど続けているうちに、高円寺のまちづくりに関わりたいと思うようになっていった。仕事で全国各地の地域再生に関わるなかで「自分が住んでいるまちでも何かやってみたい」「第三者としてではなく当事者として関わりたい」という気持ちが大きくなっていたのだ。とはいえ、何から始めていいかわからなかったので、とりあえず自分が好きな場所に行けば、何か見つかるかもしれないという思いで、小杉湯にますます通うようになった。すると、実際に小杉湯でそのチャンスが訪れたのである。

　2017年3月、いつものように番台で三代目と雑談していた流れで、私が建築やまちづくりを専門にしていると伝えたところ「隣のアパートを解体するので相談に乗ってほしい」と言われたのだ。話を聞くに、老朽化で取り壊しが決まった後、住人の退去が想定より早く完了し、解体までの1年間アパート1棟が丸ごと空いているという。

　相談自体は「アパート解体後に何を建てるべきか？」という内容だったが、そもそも気になったのは、今あるアパートだ。単純に

もったいないと思ったし、いきなり新しい建物を考えるより、すでにある資源を活かした方が、面白い企画になるという直感があった。

　さらに可能性を感じたのが、この物件は「銭湯つきアパート」と捉えられる点である。当時はネガティブな印象もあった「風呂なし」物件だが、見方を変えれば興味がある人はいるはずだ。さっそく、アイデアを伝えると思いのほか会話が盛り上がり「実際に住んでみない？」という話になった。毎日のように小杉湯に通い、さらにまちづくりのきっかけを探していた私にとっては、願ってもない申し出だった。その場で入居を即決し、次の週には引っ越しを進めた。続いて、三代目から「この試みに興味がありそうなイラストレーターを見つけた」という連絡をもらう。私も高円寺に住んでいるアーティストの知人に話したところ、ぜひ関わりたいと言ってくれた。ここで気づいたのが、高円寺にはクリエイターが多く住んでいることだ。「銭湯×風呂なしアパート×銭湯好きのクリエイター」を地域の資源と捉えて組み合わせれば、面白い化学反応が生まれる予感がした。

　こうして始まったのが、風呂なしアパートを期間限定で活用し、新しい建築のあり方を考える「銭湯ぐらし」プロジェクトだ。小杉湯の常連から多様なライフスタイルや特技を持つ人を集めて、実際にアパートで生活しながら「銭湯のある暮らし」の可能性を探る試

みである。実験を通して場所のニーズやポテンシャルを引き出すことで、未来を見出そうと考えたのだ。

銭湯　　　　　　　　　風呂なしアパート　　　　　　　多様な常連

銭湯つきアパート（銭湯ぐらしプロジェクト）

「銭湯ぐらし」プロジェクトのアイデア

1枚の企画書と、家賃0円・常連10人の暮らし

　この考えに三代目はとても共感してくれ、後日アパートの持ち主である二代目に、この企画を提案する場を設けてくれた。実験内容をイメージしやすいよう、想定する活動を1枚の絵にした企画書でプレゼンしたところ「若い人がアパートを使ってチャレンジしてくれるのは嬉しい」と、二代目も予想以上に喜んでくれた。さらには、銭湯の活性にも寄与するということで、なんと家賃無料で活用させてもらうことになったのだ。

　住人の募集にあたっては、三代目と一緒に小杉湯の常連の中から、元々知り合いだった人や知人の紹介で興味がありそうな人に声を掛けていった。期間限定かつ家賃無料ということもあって入居者はすぐに見つかり、デザイナーやミュージシャンなど10人の入居者が決まった。モチベーションも人それぞれで、「自分のスキルを活かして銭湯に貢献したい」という人もいれば「暮らし方を見つめ直したい」という人もいた。職種も動機も異なるが唯一共通するのは、「銭湯が好き」ということだ。入居者が決まった後は、顔合わせを兼ねてアパートを大掃除することにした。長く使われていない部屋も多く大変な作業だったが、共同作業を通して打ち解けていった。そこから数日後には全員の引っ越しが完了。三代目と番台で話してから約1カ月しか経っていないことを考えると、相当スピー

ディな動きだったと改めて思う。

　最初に決めたのは、それぞれの入居者が行う実験内容だ。例えば観光に興味がある人は「銭湯つき宿泊事業」を行うなど、自分の興味や専門分野と銭湯を掛け合わせ、隣に小杉湯があるからこそできる活動を持ち寄ることにした。次に決めたのは部屋の使い方だ。木造2階建ての12部屋に1人1部屋を確保したうえで、残りの部屋は全員の共有部屋や宿泊用の部屋とした。週1回は共有部屋に集まり、活動の進捗を共有することを唯一のルールとした。プロジェクトのゴールはあえて決めすぎず、各々が理想とする暮らしを実現することで、多様な視点から銭湯の価値を引き出すことを目指した。このように住人の主体性に任せたことが功を奏して、結果的に住人の数だけ新たな発見が生まれていくことになる。

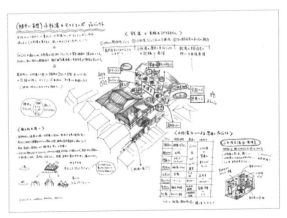

銭湯つきアパートの企画書

お掃除ワークショップの様子
共に暮らすメンバーで住環境を整備

201号室：イラストレーターの部屋
活動にあわせて部屋をカスタマイズ

207号室：民泊部屋
内装に小杉湯のタイルや備品を活用

民泊部屋の開放イベント
宿泊者も企画に関わった

101号室：共有部屋
活動の方向性について毎週議論

205号室：ミュージシャンの部屋

壁を防音仕様にして作曲活動

204号室：筆者の部屋

廃材を活用して内装・家具を制作

部屋から眺める銭湯

小杉湯となりでもこの風景を再現した

101号室を囲む縁側

湯上がりの人が座る場所を制作

こたつと足湯

寒い日でも寛げる地域との接点

2-2

銭湯から事業を見出す

「銭湯×〇〇」の可能性

① 銭湯×創作環境：オンオフのあるワークスペース

　本項では、それぞれの住人が行った活動のうち代表的な 6 つの生活実験を紹介したい。ここでの気づきが後に紹介する小杉湯となりの事業に結実していく。

　まずは、アートプランナーの大黒健嗣だ。活動内容は、自分の部屋をアーティスト・イン・レジデンスとして開放する「アーティスト in 銭湯」。彼が職業柄持っていた課題意識は、多くの作家が作業に打ち込みすぎて体を壊していることだった。そこで、作業の後に大きな湯船で息抜きできる銭湯つきのアトリエをつくり、月替りで作家に滞在制作と展示を行ってもらう仕組みをつくった。1 年間の運用を経て、外壁に壁画を描く人や銭湯の音で音楽作品をつくる人、部屋で演劇を公演する人など、実に多様な活動と作品が生まれた。滞在後の作家に感想を聞いたところ、予想以上に喜んでもらえたようで、「制作に没頭するなかで、つくらない時間があることに

救われた」「湯船で頭をからっぽにすることで新たな発想が生まれた」などの声があった。リモートワークが一般化する時代にこそ、オンオフを切り替えられるワークスペースがある大切さを痛感した活動だった。

② 銭湯×イベント：入浴以外の活動を組み合わせる

次は、ミュージシャンの江本祐介だ。彼は毎日銭湯に入りながら作曲活動を行うとともに銭湯の音の響きに注目し、小杉湯の浴室で音楽フェスを開催した。定休日に複数のミュージシャンを招き、男湯・女湯で交互に弾き語りライブを行うイベントだ。のびやかに広がる音や、演奏者と観客の距離の近さは好評で、「同じ湯に浸かっているような一体感があった」という感想もあった。ライブハウスほどの広さはないが、2 回のフェスで来場者数は合計約 160 名にのぼり、イベント会場としてのポテンシャルを示すことができた。なお、来場者の半数は 20 代で「銭湯に来たことはなかったが、今度利用してみたい」という人もおり、若者が銭湯を利用するきっかけにもなったようだ。売上の約 60 万円は一部を小杉湯に還元し、銭湯の新たな収入源にもつながった。この活動からは、銭湯に入浴以外の活動を組み合わせることで、相乗効果をつくる可能性を再認識できた。

小杉湯フェス。上：江本祐介 ／ 下：ザ・なつやすみバンド、中川理沙

アーティストin銭湯。上：小田佑二によるアパートの壁を使った作品／下：腹黒ピカソの部屋全体を使った作品

③ 銭湯×企業連携：日常を介して商品を届ける

　　観光プロデューサーの宮早希枝は、銭湯を介した企業のPRや全国の生産者とのコラボレーションを実施した。彼女は、旅先の温泉旅館でお試しシャンプーを使ったり、試食したお土産を手に取ったりする行動に着目し、銭湯を介して新しい商品やサービスに触れられる機会をつくろうと考えた。例えばみかん農家とのコラボでは、規格外商品を安価に提供してもらい、小杉湯の日替わり湯に活用する代わりに、銭湯のロビーでみかんの販売促進を行うという仕組みを実施した。この取り組みをきっかけに、小杉湯では全国の生産者との連携が広がり、「もったいない風呂」という名前で日替わり湯を支えている。利用者にとって入浴前後の体験というのは、消費を前提にしたショッピングとは異なり、普段の生活で使うような利用シーンを想起させてくれる。時には商品の向こう側にいるつくり手に思いを馳せることもあるだろう。生産者や企業側にとっては、お客さんの入浴体験を損なうことなく、新しい商品との自然なタッチポイントをつくることができる。この視点は後に、小杉湯となりで実施する飲食事業や物販事業の参考になっている。

④ 銭湯×デザイン：場との対話を促す情報デザイン

イラストレーターの塩谷歩波は、銭湯のマナーや魅
力をイラストで表現した。初めて銭湯を利用する人の
多くは、脱衣室や浴場内に掲示された注意書きやポス
ターで入浴方法を知る。しかし、禁止事項が並んだ空
間では、窮屈さを感じてしまう。そこで彼女は、親しみやすい手書
きのイラストでポスターをつくり、銭湯の居心地を保ちながら、情
報を伝えようとした。言葉を使わなくても一目で情報がわかるた
め、海外の人の使いやすさにも寄与している。

また、各地の銭湯を精緻な立体図で表現した「銭湯図解」という
イラストを制作した。このイラストはSNSで大きな話題になり、
書籍やグッズにもなったことで、銭湯の魅力を広く伝えることにつ
ながった。当たり前だが銭湯は、外から中の様子が見えない。銭湯
図解は空間を可視化することで、銭湯に行ったことがなく利用をた
めらう人の心理的ハードルを下げ、安心感を醸成することにつな
がった。掲示物やイラストを通したコミュニケーションの可能性を
教えてくれたこの経験は、後の場づくりのヒントとなっている。

みかん農家の宿 あおとくるです
湯舟のみかんは私達がつくっています

みかん農家の後継者として、徳島に移住。
東京に住んでいた頃は小杉湯に通っていました。
みかん畑に囲まれた山腹で古民家を改修し、
2018年にみかん農家の宿 あおとくるを開業。
古本屋 古書ブンも宿内で営業しています。
フィンランド式テントサウナも体験できます。
夫婦でサウナ好き。もちろん交互浴も。

あおとくるの日々・みかん販売
https://aotokuru.com

小杉湯

貯蔵みかん風呂

二月二十四日（土）・二十五日（日）

生産者とのコラボレーション。みかん農家「あおとくる」と連携した日替わり湯・商品販売の様子

みんなが気持ちよく入浴できるよう、マナーを大切にしましょう

Have good manners to make everyone feel like having a good time.

お風呂は体を洗ってから
please wash yourself well before getting into the bath.

長い髪はゴムで束ねよう
people with long hair should put their hair up or bind it with something such as a rubber band.

タオルは湯船の外に
Do not put your towel in the bath.

大声のお喋りは控えよう
Do not be loud anywhere in the bath.

使ったものは元に戻そう
After use, return the wash basin and stools to their proper original location.

体をよく拭いてから脱衣所へ
please dry yourself off before coming out of the dressing area

小杉湯主人

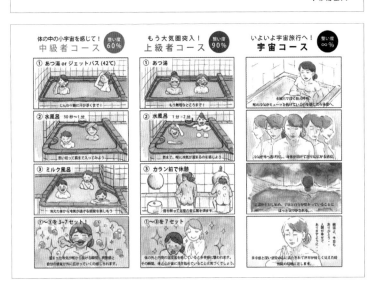

浴室の掲示物。上：入浴マナーの案内 ／ 下：交互浴の説明

⑤ 銭湯×分散型宿：まちを家のように楽しむ観光

「銭湯つき民泊」は、2016 年から小杉湯の番台で働いていたレイソン美帆が行った活動だ。海外在住経験が長く英語も堪能だった彼女は、かねてより日本の銭湯文化の魅力を海外の人に伝えたいと考えており、銭湯に入ることを前提にした宿泊事業を実施した。

　近年、「その土地に暮らすような旅」が観光のスタイルとして注目されているが、銭湯はその拠点として価値ある場所だ。お風呂は銭湯で、ご飯は近所の食堂でというように、宿泊機能を 1 つの建物で完結させるのではなく、まち全体を活用する仕組みをつくることができる。大型ホテルにあるようなフルパッケージのサービスはないが、利用者が主体的にまちを楽しむ観光のあり方である。

　2017 年当時はインバウンド需要が年々高まっていた時期で、海外からの宿泊者も多く、銭湯の入り方やまち歩きツアーなどを開催することで高い評価を得た。売上は半年で約 60 万円と、従前の家賃収入の 2 倍以上に相当した。まち全体がホテルという観光のあり方があれば、まち全体が家という生活のあり方もあっていいと思わせてくれた成果だった。

⑥ 銭湯×多拠点居住：まちで暮らしをシェアする

　私自身は、東京と地方の「２拠点居住」の実践を試みた。当時、地元である山形にまちづくり法人を設立して間もなかったこともあり、月の半分程度は山形に滞在していた。毎日東京にいるわけではないので大げさな設備は必要ないが、帰って来られる精神的な拠り所や、荷物を置いておく物理的な場所は必要だった。

　風呂なしアパートは複数拠点を持つ暮らし方にフィットした。入居前は、生活の一部をまちに頼らざるをえない状況が不便なのでは？と思っていたが、いざ暮らしてみると家がまちに拡張されたような、豊かな感覚だった。銭湯で大きい湯船に浸かり、商店街で顔なじみの人と挨拶を交わす。そこには、自宅だけで生活していたら得られなかった、人とのつながりや充実した生活環境があった。「銭湯のある暮らし」は、自分の暮らしをまちでシェアするライフスタイルであり、その豊かさを知るきっかけでもあった。

　このように、銭湯と暮らしを掛け合わせることで、当初想定していた以上に新しい事業のヒントを見出すことができた。これらの発見が小杉湯となりの事業に反映されていくこととなる。

Allendra

In the apartment there is not a shower area but there is a Sento right next door which I enjoyed almost everyday. The Sento was really a treat. Taking the extra time to take care of your body, cleanse yourself meticulously and soak in "Milky Water" has been a new way of life that I am thankful to have incorporated into my busy American lifestyle.

民泊部屋と宿泊者の感想：1ヵ月以上の滞在にしたことで交流も深まり、常連客から入浴方法を褒められた人もいた

お風呂は銭湯、食事は近くの定食屋というように、まちに暮らしを開くと、ほどよいご近所づきあいが生まれる

2-3

銭湯ぐらしで再発見した銭湯の価値
現代が求める、ゆるくつながる居心地

1 ｜ ありのままでいられるサードプレイス

　銭湯つきアパートでの生活は、事業のヒントを与えてくれただけではなく、銭湯自体の価値を再認識させてくれた。それは、現代人が潜在的に求めている暮らしのニーズとも捉えることができる。ここでは、アパートで共に暮らした入居者へのインタビューや私自身の実感をもとに、改めて銭湯に感じた４つの価値を整理したい。のちに立ち上がる小杉湯となりのコンセプトは、この価値を参考にしている。

　まず再認識させられたのが、銭湯は気張らずに行ける日常の居場所だということだ。銭湯つきアパートの住人にとって、銭湯の価値は実に多彩だった。ある人にとっては１日を振り返りながら頭の中を整理する時間であり、ある人にとっては明日の英気を養うための自分へのご褒美であった。そこでは文字通り裸になるので、自分を偽る必要はなく、ありのままの自分と向き合うことになる。自分を受け入れることは、他者に寛容になることも促してくれる。服と

一緒に肩書も脱ぎ捨て、同じ釜の湯につかれば人は平等だ。多様な人が共存し、同じ心地よさを共有している前提が、他者を受け入れやすくしているのかもしれない。周りの人に対して「あの人も気持ちよく過ごしているんだな」と優しい気持ちになることもできる。なかには、自分が裸なので干渉されたくないという人もいるだろうが、その人も自分なりの距離感を保つことができる。

　交流が目的の場所だと身構えてしまうかもしれないが、銭湯には「お風呂に入る」という目的があるので、気軽に行くことができる。ある銭湯つきアパートの住人は「友人と飲み会に行く代わりに、銭湯に行くようになった」と言う。銭湯の方が本音で話せるらしい。自分を開放することで、他者との関係性は生まれる。日々の疲れを癒やすのもよし、だれかと語らうのもよし。そこにお湯がある限り、嬉しい日も悲しい日も変わらずに迎え入れてくれる。そんな居場所が都市空間にはもっと必要だということを改めて感じた。

他者 ⟵ 自分 ⟶ 他者

寛容になるイメージ

2 ｜ 若者も引き寄せる古来のシェアスペース

　銭湯は江戸時代から庶民の社交場として親しまれてきたが、今でもその役割は健在だ。逆にそういう場所が減ってきたからこそ、求心力はますます高まっているのではないだろうか。知り合いの大学生がこんなことを言っていた。「SNSでは、名前は知っているけど会ったことのない人がほとんど。銭湯はその逆で、見たことあるのに名前は知らない人がほとんど。その感覚が面白い」。

　オンラインのコミュニケーションが一般化したことで、リアルな場でしか得られない交流が貴重になっている。SNSが普及した現代においては、同じ価値観の人とつながりやすくなった一方で、予期せぬ出会いが減ったという話も耳にする。また、さまざまな情報や機会にアクセスできるようになった反面、自分の居場所が定まらずに、根無し草のような不安や孤独を感じる人もいるようだ。

　銭湯では、普段は接することがない世代の人と出会ったり、自分の暮らしに歴史ある場所を取り込んだり、社会とのつながりを直に感じることができる。地域に根ざしてきた場所を利用することは、まちの時間軸の延長に自らを定着させる行為でもあるのだ。

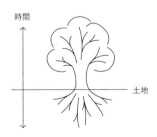

地域と歴史に根を張るイメージ

3 │ 余白が生まれるデジタルデトックス

　1日1回は心と体の力を抜いてゆっくりする。働き方の選択肢が広がった現代だからこそ、銭湯をうまく暮らしに取り入れることで、メリハリをつけることができる。大きな湯船でひと息つくことは、忙しい毎日や疲れた心に余白をつくる行為でもある。銭湯つきアパートの住人は口を揃えて「銭湯に救われた」と言う。私たちの多くは「休むのが苦手」だった。つい頑張りすぎてしまう人、いつも時間に追われている人。現代の都市生活において、新しい情報はたくさんあっても、消化する時間がない人は多いのではないだろうか。銭湯は、そんな人を強制的に「電波の届かない場所」に連れて行ってくれる。湯船に浸かっている間は「何もしないこと」が許される。自分と向き合ったり、心身を労ったり、スピードをゆるめて自分のための時間を過ごすことができる。湯上がりにまちを歩いたり、部屋でくつろいだりすることも、余白を感じる時間だ。

　かくいう私も仕事に追われ、たまの休みはストレス発散のため朝までお酒を飲むという生活を送っていた。しかし、小杉湯に通いはじめてからは銭湯の時間が門限の代わりになり、生活のリズムができたし、1日の終わりに楽しみがあることで仕事も充実しはじめた。心に余裕が生まれると、日常にも良い影響がでるのだ。

デジタルデトックスの
イメージ

4 | ほどよい距離のサイレントコミュニケーション

　銭湯では、会話をしなくても人とのつながりを感じられる。私は
それを「サイレントコミュニケーション」と呼んでいる。そこで
は、他者とのほどよい距離感を自由に選ぶことができる。1人にな
りたい時はだれも干渉してこないし、周りに意識を向ければ、すぐ
そばに他者がいる。1人だと落ち着かないときでも、人の気配を感
じながら自分の時間を過ごすことができる。また、だれかと話した
いときにも、交流の接点が用意されている。カフェで知らない人と
話すのはハードルが高いが、銭湯では番台スタッフとのちょっとし
た会話はもちろん、常連さん同士で言葉を交わすことも珍しくはない。

　銭湯つきアパートの生活実験でも、10人がお互いにほどよい距
離感を保てたのは、完全に生活をシェアするわけではなく、各自の
個室を確保することができたからだ。一つ屋根の下での生活だが、
自分の暮らしやプライバシーをしっかり確保したうえで、必要に応
じて共有部屋でだれかと過ごす。つながり過ぎないつながりが心地
よかった。生活実験を通して、他
者との関わり方を選べる場所が、
現代に求められていることを実感
した。

サイレントコミュニケーションのイメージ

生活実験の成果：小杉湯の利用者が増えた理由

　こうして、さまざまな気づきを得て、銭湯つきアパートでの1年間の生活実験は終わりを迎える。活動の集大成として、各部屋の暮らしを公開するイベント「銭湯のある暮らし展」を2018年1月28日に開催。多くの来場者を迎えた。あわせて1年の成果報告書を制作して公開したところ、「銭湯の印象が変わった」「銭湯を軸にしたビジネスに可能性を感じた」「個性を活かして活動している銭湯ぐらしに関わりたい」などさまざまな声をいただいた。

　また、副次的効果として、小杉湯の利用者数が1年間で3割も増えたことがわかった。要因は一概に言えないが、小杉湯の三代目平松氏も、私たちの活動が影響していると語っている。1つは活動自体が着目されたことに加え、それぞれの入居者が自分の領域で活躍し、多くのメディアに取り上げられたことだ。

　もう1つ考えられるのは、私たちが小杉湯を愛する常連として、

銭湯のあるくらし展の様子

銭湯ぐらしの活動報告書

周囲の知人へ利用を促し続けていたことが挙げられる。アパート入居者に実態を聞いたところ、1人あたり平均100人の知人に小杉湯を紹介しており、定期的に小杉湯へ通うようになった人も少なくないと言う。仮に紹介した人数の1割が常連になり、その常連が同じように知人に紹介する、という連鎖が起きていたとすれば、大きなインパクトになる。2018年3月に予定通りアパートは解体を迎えるが、この気づきは、後のプロジェクトの方向性に影響を与えることになる。

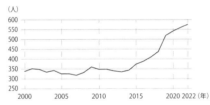

※2020年までの利用者数は年間入浴料を入浴料単価で割った概算とする

小杉湯の1日あたりの平均利用者数の推移

	現代	将来
一般的なPRモデル	常連さん たまに来る お客さん	変わらず繁盛する
常連によるPRモデル	新しい常連 （銭湯ぐらし・会員等）	知人に小杉湯 を勧める　新しい活動 を始める 新しいお客さん が増える　新しい属性の お客さんが訪れる 関わりが深い人が増えることで関係人口が広がる

常連が新規利用者をつくるイメージ

住人が会社をつくり、建て替え後の建物を考える

　前述の成果を踏まえ、10人のメンバーとは改めてひざを突き合わせて議論することにした。まずは、アパート解体後に建てる新しい建物について意見を出し合った。1年の生活実験を通して多くのことを学んだが、全員が共通して感じたのは「銭湯のある暮らし」そのものの豊かさだった。毎日銭湯に入ることで、暮らしに余白が生まれ、心身が健やかになる。まちに暮らしを開くことで、ほどよい距離のつながりが生まれる。「この暮らし方をより多くの人に伝えたい」と全員が思うようになっていた。だからこそ、アパート跡地に必要なのは「銭湯のある暮らしを体験できる場所」だという結論に至った。銭湯ぐらしプロジェクトが始まる前は、そのままアパートを再建する計画もあったが、そうなると限られた住人しか場の価値を享受できない。そこで出たアイデアが、「それぞれの暮らし持ち寄れる、まちのシェアスペース」のような場所だ。銭湯の前後に食事や仕事ができる場所をつくれば、銭湯と暮らしをより一体的に楽しめるのではないかと考えた。

　次に話し合ったのが事業を担うチームについてだ。期間限定で始めたプロジェクトだったが、アパート解体後も定期的に集まるうちに、「このメンバーで活動を続けていきたい」「実験で見出した可能性を社会に実装したい」という声が大きくなっていた。私もこの活

動を一過性のものにせず事業として継続していくことが、まちの暮らしを豊かにし、銭湯の文化を守ることにもつながると考えた。

　事業化するとなると必要なのが法人だ。メンバーに相談したところ思いは一致しており、法人化に向けて動き出すことになる。

　メンバーの意見がまとまったタイミングで、三代目も交えて新しい建物のアイデアと法人化の話を進めた。小杉湯にとっては新しい事業なので、当然ながら意思決定には時間が掛かると思っていた。しかし、三代目はすぐに私たちの提案に賛同してくれた。それだけではなく「新しい事業も銭湯ぐらしに任せたい」と言ってくれたのだ。つまりこれは、アパートの活用に続き、アパートの跡地に建てる新しい建物の企画と運営も引き受けてほしいという意味になる。

　このような経緯を辿り、銭湯の常連だった私たちは、銭湯の隣で事業を担っていく運営者になったのだ。そして、ここから2年間で「銭湯ぐらし」を法人化し、小杉湯となりの建設計画に着手していく。次章では、さまざまなピンチを乗り越えながら、新しい事業を実現していくプロセスを追う。

小杉湯となりの事業イメージ

実験フェーズのヒント

大きな計画ではなく、小さな実験から

　次章に移る前に、本章で紹介した実験の経緯を、私なりのまちづくりのヒントとしてまとめておきたい。銭湯の常連が新しい事業を任せられたのは稀有な事例だが、他のプロジェクトに関わるときも意識しているポイントがある。それは「小さな実験から始める」という視点だ。銭湯ぐらしのプロジェクトは、新築の計画に着手する前にアパートを暫定利用することで、場所のポテンシャルや人々のニーズを見出すことができた。

　今回のようにアパートを丸ごと活用できなくても、イベントや社会実験、期間限定の場の運用から見えてくることは多い。計画が完成してから問題に気づいては手戻りが大きいが、できることから始め、仮説と検証を繰り返していけば、計画の確度を高めることができる。このプロセスを経ることは、協力者を集め、事業の可能性を広げることにもつながる。

小さな実験から始める

きっかけをつくる ▶

まちづくりを「暮らしづくり」と捉える

　自分のまちは自分でつくれると思えば、まちの見方が変わってくる。自分ごとで考えるからこそ本当に必要なものがわかるし、暮らしの延長で活動することで、無理せず続けられる。

　まちづくりというとハードルが高く感じる人もいるかもしれないが、まちは私的な活動の集まりであって、一人ひとりが自分の暮らしをつくる行為の積み重ねでできている。自分の好きなお店に通うことで、まちに経済循環が生まれ、自分の暮らしも地域の暮らしも充実していく。それが、まちづくりの第一歩だ。

　例えば、自宅にお風呂があるのに銭湯に行くことも、自分の暮らしを良くしようという気持ちの現れだ。銭湯つきアパートのプロジェクトも、最初はただの銭湯の常連だった私たちが、足しげく通うことで関わるチャンスに巡り合った。そして、自分が欲しい暮らしを実現することで事業が生まれたのだ。自分の暮らしを見つめることで課題や気づきが生まれ、できることから始めてみる。それが時としてプロジェクトに発展することもある。

未完成を「見える化」して周りの協力を得る

　自分一人でマンパワーやモチベーションを保てなくても、だれかとならできることがある。だから活動は、あえて未完成な状況を見せたほうがいいと考えている。そうすることで参加の敷居を下げ、さらなる参加者を巻き込むことができるからだ。私たちはプロジェクトが動き出す前段階から「こんなことをやってみたい」と伝えるようにしてきた。すると、興味を持つ人が自然に集まってきた。そこに将来一緒に事業を担うプレイヤーや空き物件を持つオーナー、活動の支援者がいることもある。

　途中経過の見える化は、地域の人に計画を理解してもらえないときにも有効だ。特に世代が異なる関係者に説明するときは、実現したい風景をビジュアルで表現したり、当人を活動のプロセスに巻き込んだりすることで、完成後をイメージしてもらえる。次章で紹介する小杉湯となりでも、準備段階から小杉湯で模型を展示したり、開店前は地域の人を招いたプレオープン期間を設けたりした。プロセスに参加の余白を設けることで、「私も関わっていいんだ」という安心感が生まれ、周りの理解と協力を得ることができる。

場所を選ぶ ▶

地域資源を組み合わせ「三方良し」をつくる

活動拠点を決める時に意識しているのは、地域の資源に目を向けることだ。新しい建物をつくったり、1つの場所だけで価値をつくらなくても、すでにある資源を組み合わせるだけで、十分新しい価値になる。対象となる資源は建物だけではなく、人や出来事などさまざまだ。私たちの活動も「小杉湯×風呂なしアパート×銭湯常連のクリエイター」という地域資源の掛け算だった。ユーザーである私たちにとっては新たな生活拠点が生まれ、オーナーである小杉湯にとっては空き物件の活用が進み、まちを使う人が増えることでエリアにも波及効果がある。まさに「三方良し」の関係だ。

これは、地域に根ざした銭湯の考え方そのものともいえる。従来型の大型商業施設のようにすべての機能を内包するのではなく、他のお店との共存・連携することで、まち全体の価値を生み出す考え方だ。小さなアクションをネットワークしていくのが、銭湯的なまちづくりだ。

3章

銭湯のある暮らしを広げる、まちのシェアスペース

小杉湯となり新築計画

3-1

小杉湯となりの事業化プロセス

全員兼業の弱さと、当事者としての強さ

続かないモチベーション、深まらない事業計画

　本章では、小杉湯となりを運営する私たち株式会社銭湯ぐらしの
メンバーが、事業を立ち上げ、建築を形にしていくまでのプロセス
を辿っていく。

　銭湯つきアパートでの生活実験を経て、小杉湯の隣に建てる新し
い建物のコンセプトが決まった。そして、アパートの住人だった私
を含めた10人で法人をつくり、企画・運営を担うことになった。
しかし、アパートが解体された2018年3月時点で、それ以外のこ
とは未定。2018年10月10日に法人化した後、2020年3月のオー
プンまで約1年半を掛けて、企画・設計・工事を進めていくこと
になるが、実現に至るまでのプロセスはまさに課題の連続だった。
その多くが、人とお金の問題である。仕事も関わり方も違うメン
バーで事業を進める難しさ、コンセプトと事業性を両立する難しさ
に向き合うことになる。建築の設計においても大いに悩んだ。「銭
湯のある暮らしを体験できる場所とはどんな建築か」「銭湯のよう

な居心地をどうすればつくれるか」。これまでにない空間のつくり方が必要だった。

　最初に着手したのは企画立案だ。何はともあれ、アパートでの生活実験で行っていた定例会を、解体後も行うことにした。毎週水曜日の20時に高円寺の貸会議室を借りて、仕事終わりにメンバー全員で集まった。そこから100回以上におよぶ話し合いを経て構想を練り上げていくわけだが、すべてがゼロからのスタートだったので、チームづくりも事業づくりも、とにかく苦戦した。

　最初に直面したのは、全員で1つの目標に向かう難しさだ。場の企画・運営に関わった経験があるのはメンバーの中で私だけ。アパートという活動拠点を失ったことに加えて、それぞれが本業の合間に関わる体制だったため、思うように作業時間がとれず、構想自体どこか受け身になってしまう状態が続いていた。私もこの頃は「全員が同じ熱量で事業に関わってほしい」という気持ちが先走ってしまい、モチベーションを保つため無理に役割をつくったり、集まることを目的化したりと、今思えば良くない考え方に陥っていた。

　次の課題は、理想とする場のコンセプトと事業性を両立させる難しさだった。私たちが目指していたのは「銭湯の居心地」だが、理想を追求しすぎては当然採算が合わない。一方で、客単価や回転率に重きを置きすぎると、理想の風景からは離れていく。計画が深まらない状況が続くなか、この考え方から抜け出すためには何が必要

かを話し合った。結果辿り着いたのは「銭湯つきアパート時代の気持ちに帰ろう！」という結論だった。

個人の挑戦から全体をつくる：全員が当事者になる

　それはつまり、生活実験で実践していた「全員が当事者になる」という考え方だ。銭湯つきアパートで行っていたように、大きな計画を先行させるのではなく、個人が実現したいことを持ち寄るという考え方に立ち返り、一人ひとりが挑戦したい事業の集合体で、全体をつくるという発想に切り替えた。

　例えば、将来カフェをやってみたい人が飲食スペースを担当し、働き方の改善に興味があった人がコワーキングスペースを担当する。直接事業に関わることではなくても、小さい頃に本屋を開くのが夢だった人が本棚の企画を担当するという形にした。また、オープン後の運営方法については、現場のアルバイトスタッフは雇用しつつ、私たちも企画・経営に関わり続けることを前提にした体制を組んだ。この頃から、各自が当事者意識を持って関われるようになっていく。平日は勉強や議論を重ね、休日には先行事例を視察し、事業者へのヒアリングなども行った。飲食担当のメンバーは、参考にしていた飲食店へ研修に行った。

　もう１つ大切にしたのが、私たちはそもそも小杉湯のお客さん

であることだ。小杉湯の入り口でアンケートを行うなど、改めて利用者目線で欲しいものを意識しながら、飲食のメニューやコワーキングのサービス内容を決めていった。「だれか」に向けたサービスではなく「自分」たちの暮らしを充実させるという前提に立ったうえで、その価値を周りの人に届けるという考え方だ。

小杉湯玄関でのアンケート

秋田の「くらを」(飲食店)での研修

高円寺の「コクテイル書房」での交流会

コンセプトを決めるディスカッション

夜な夜な行われた会議室での議論

小杉湯となりの上棟式・餅まき

役割を見つけてもらう：オープン会議

　このように、当事者意識を持つことで事業計画を深めることができた一方、実際に場を運用するためには現在のメンバーだけでは力不足であることがわかってきた。経営基盤を支えるコーポレートの知識や、情報発信を担うPR・ライティングのスキル、現場での飲食やイベントの経験など、さまざまなキャラクターが必要だ。

　新しいメンバーの募集も考えたが、決まっていないことが多すぎて躊躇していた。そんなとき思い出したのが、風呂なしアパートの住人を募集したときのことだった。思えばあのときもプロジェクトの方向性は決まっていなかったものの、「銭湯で何かやってみたい」という人が自然と集まってきた。何かにチャレンジしたい人にとっては「決まっていないこと」が逆に価値になる。そこで今回も、困っていることをオープンにして、参加の余白をつくることにした。

　さっそく活動の進捗や課題をSNSなどで発信し、定例会の名も「オープン会議」と改め、だれでも参加できるようにした。すると間もなく、メンバーの知人や活動に興味がある人が現れるようになる。来てくれた人はとりあえず会議に出てもらい、さらに会議後は一緒に銭湯に行くこともあった。気をつけていたのは、こちらから無理に参画をお願いしないことだ。居心地が良かったら次の会議にも参加してもらい、回を重ねるうち「自分ならこれができそう」と

役割を見つけてくれたら、その時点で改めて参画の相談をする。この方法でメンバーとなったのが、会員事業を発案してくれた経営企画担当の堀優紀、イベントや地域連携担当の青木優莉、PR担当の加藤友理などだ。

地域密着型リクルート：多世代へのアプローチ

　現場スタッフの募集においては、銭湯が好きな人にアプローチした。「銭湯のある暮らしを体験できる場所」を運営するには、私たちと同様に「銭湯のある暮らし」を実践している人が必要だと考えたからだ。

　また、若者からお年寄りまで心地よく過ごせる場所をつくりたかったので、その土台をつくるスタッフも幅広い世代から集めることにした。募集方法はSNSだけではなく、手書きのポスターを銭湯に掲示するなどして、近所に住む多様な世代に情報が届くようにした。さらに、銭湯の常連さんと仲が良いメンバーは、世間話の延長で興味を持ってくれそうな人に声を掛けた。私自身も、よく通っていた近くの惣菜屋が店仕舞いすると聞き、料理長を飲食の現場スタッフとしてお誘いした。私たちがこの地域に暮らし、銭湯に通っているからできるリクルート方法だ。こうして足りないメンバーが揃い、事業計画の精度も高まっていった。

2人の建築家の役割分担：不変性と可変性の両立

　事業計画や運営体制だけではなく、新しい建物の設計も一筋縄ではいかなかった。私の専門は建築とまちづくりなので、もちろん設計も担当したかったが、今回は事業者としての役割が大きく、設計と事業の両立は難しかった。しかしながら建築のプロセス全体に関わることが重要だと考えていたので、建物の大枠の設計は、小杉湯の文化財登録を担ってきた建築設計事務所「T/H」にお願いし、私は企画・計画・運営に集中しながら、設計協力を担うことでソフトとハードを一緒に考えることにした。

　T/Hと私の役割分担は、「上空部」と「地上部」で分けるという変わった手法をとった。これは、伝統を守りながらも変わり続けてきた小杉湯の空間特性を踏襲している。小杉湯は、建設当時から変わらない大きな越屋根や高い天井（上空部）を維持しつつ、浴槽や待合室など人の手に触れる部分（地上部）はこまめに増改築を繰り返すことで、時代の変化に応えてきた。小杉湯となりもそれに倣って、変わらない「上空部」と変え続ける「地上部」を両立させることで、時代を越えて残る建築を目指すことにした。私たちは地上部を担い、銭湯つきアパートで得られた知見を設計に反映しつつ、運営を見据えた家具・インテリアを検討していった。

　このように、計画段階から長期的な目線を持って運用変更に耐え

られるように計画した小杉湯となりだが、次の章で説明するように
そのタイミングは予想以上に早くやってくることになる。

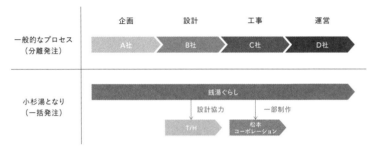

小杉湯となりの事業プロセス

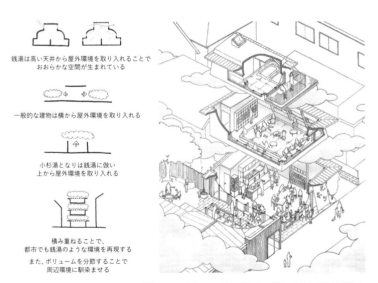

銭湯は高い天井から屋外環境を取り入れることで
おおらかな空間が生まれている

一般的な建物は横から屋外環境を取り入れる

小杉湯となりは銭湯に倣い
上から屋外環境を取り入れる

積み重ねることで、
都市でも銭湯のような環境を再現する

また、ボリュームを分節することで
周辺環境に馴染ませる

小杉湯となりの設計コンセプト：湯のない銭湯のような状態を目指した

最後まで難航した契約：求心力と遠心力

　計画段階で最後まで残った課題は、小杉湯との契約形態だ。当初は小杉湯が株式会社銭湯ぐらしに運営を委託する（業務委託契約）という前提だった。しかし、お金をもらっての運営では責任感を持ちづらいことに加え、当時は東京五輪による建築資材の不足による価格高騰や工期の遅れなどさまざまな課題が噴出していた。通常の事業であれば、ここで投資回収の目標に合わせた設計内容の変更や、採算性の高い事業への切り替えを行うのだろうが、そこまで単純な話でもなかった。というのも、小杉湯にとって新しい建物は、銭湯文化を100年先まで残していくための場所であるからだ。三代目の平松氏も、安易に利益追求型に切り替えるのではなく、長期的な銭湯文化の継承を目指す私たちの企画をそのまま実現したい、という強い意志を持ってくれていた。結果的に小杉湯が初期投資を担い、投資の返済額を銭湯ぐらしが小杉湯に家賃として支払う（賃貸借契約）という仮説に至った。ここで私たちも覚悟を決め、責任を持って直接運営を担うことにしたのだ。空間も企画も妥協せずチャレンジすると決めることで、収支計画の見え方も変わり、削減できる経費や事業を成立させるための単価を見直すなど、理想と現実を埋める作業を経て事業の目処をつけていった。

　こうして小杉湯となりの座組は、企画・運営が銭湯ぐらし、建

主・協力が小杉湯という形に決まった。度重なる話し合いの過程で、互いの目標と役割もより明解になった。共通の目標は「銭湯文化の継承・発展」である。銭湯をここ数年のブームで終わらせないためには、暮らしに銭湯を取り入れる人々の母数を増やす必要がある。そのために、小杉湯は「銭湯を守る（求心力）」、銭湯ぐらしは「銭湯のある暮らしを広げる（遠心力）」という役割分担にした。

　三代目は小杉湯の新しい事業を私たちに委ねてくれた。その理由を改めて聞くと「先代が残してくれた小杉湯のおかげで、自分自身も挑戦できたので、同じような人を応援したい」という。銭湯を公共的な場と捉えさまざまな人に開いていく、彼のパブリックマインドがあることでスタートできた事業である。

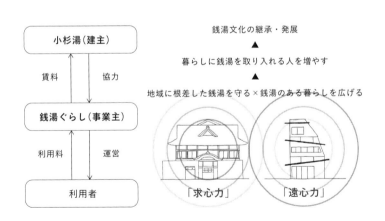

小杉湯・銭湯ぐらしの役割分担

3-2

銭湯に学ぶ、空間デザイン
場を介したコミュニケーションの設計

人の気配を感じる、ひとつながりの空間：男湯と女湯

　続いて、建築の設計で工夫した点を見ていきたい。「銭湯のある暮らしを体験できる場所」は、単に銭湯の隣にシェアスペースを計画するだけでは実現できない。銭湯の居心地として、余白を感じる時間やほどよい距離の人つながりを感じられる場所にしたいと考えた。そこで設計では、人と人の直接的な交流だけではなく、場を介在した間接的なコミュニケーションがある銭湯ならではの居心地を再現するため、銭湯の空間的な特徴を再解釈していった。

　最初に着目した銭湯の空間的な特徴は、前章でも述べた「サイレントコミュニケーション」が成立する点だ。銭湯は、男湯と女湯、湯船と湯船がひとつながりになっているので、居合わせた人の様子や音が伝わり合う。その空間特性により、直接言葉を交わさなくても互いの気配を感じるようになっているのだ。

小杉湯の上部：地上8mの高さに高い窓がある。光が差し込み、風が通り、熱を動かし、音を響かせる

小杉湯となりの上部：半透明の天井と開閉できる高い窓がある。ふと見上げると穏やかな時間の流れを感じられる

小杉湯となりではその特徴を参考にして、あえて階ごとに扉は設けず、天井も張らないことで、各階の話し声や匂いが少しだけ伝わるようにした。オープン後は、「人の気配がある方が集中できる」という人が1階に居たり、2階に居る人が「ご飯の良い香りがしたので」と1階に下りてきたり、実際に場を介したつながりが生まれている。

1つの風景を共有する、大らかな空間：湯気抜き

　次に着目したのは、同じ風景を共有する感覚だ。小杉湯をはじめとする宮造りの銭湯には、大きな越屋根の下に湯気を抜くための高い窓がある。これによって、窓から屋外の環境が取り込まれ、その場に居る人は自然の中にいるような開放感と、同じ風景を共有している緩やかな連帯を味わうことができる。そこで小杉湯となりも、各階にある高い窓（排煙窓）と透過性の素材（メッシュ膜）によって、湯気の中を通ったような柔らかい光と風が降り注ぐようにした。さらに天井に傾斜をつけることで、時間に応じて明るい場所と暗い場所が移ろうようになっている。流れる季節に気づいたり、だれかと空間を共有している感覚を持ったり、周りに意識を向けられる空間にした。

自ら考え、行動できる空間：セルフサービス

　銭湯が「セルフサービス」である点にも着目した。基本的に銭湯の浴室にはスタッフがいないので、自分の椅子を片付けたり席を譲り合ったりと、利用者が自分自身で行うことが多い。そう聞くと手間に感じる人もいるかもしれないが、自分で自分の居場所をつくる感覚は意外に心地よい。

　この特徴に着目して、小杉湯となりも利用者が関わる接点を増やすようにした。例えば、ショーケースをカウンターの内側ではなく外側に配置して自分で取れるようにしたり、利用者同士が交流できる掲示板やセフルコーナーを設けたり、スタッフを介さなくても場に関われる仕掛けを空間にいくつも埋め込んでいる。

小杉湯となりのセルフコーナー　　　　　　　季節や時間によって変化する光

塩ビ系シート防水 (ロンシール) t=1.5mm
硬質ウレタンフォーム2種1号 t=100mm
デッキプレート V50A 現し SOP

粘接着型金属屋根 レオフィットルーフ (東邦レオ)
構造用合板 t=12mmx2

デュッセル (フッコー) t=4mm
ケイカル板 t=6mmx2

デュッセル (フッコー) t=4mm
ラスモルノンクラ t=15mm
透湿防水シート
ケイカル板 t=6mmx2
硬質ウレタン吹付 t=45mm

木製建具

鋼製建具

小杉湯となりの断面図：各階に環境を取り込む層を設けている。屋根を傾け、1階は南側採光、2階は北側採光にすることで、空間の質を分けている。なお、本設計は「日本建築学会作品選集」に選出された

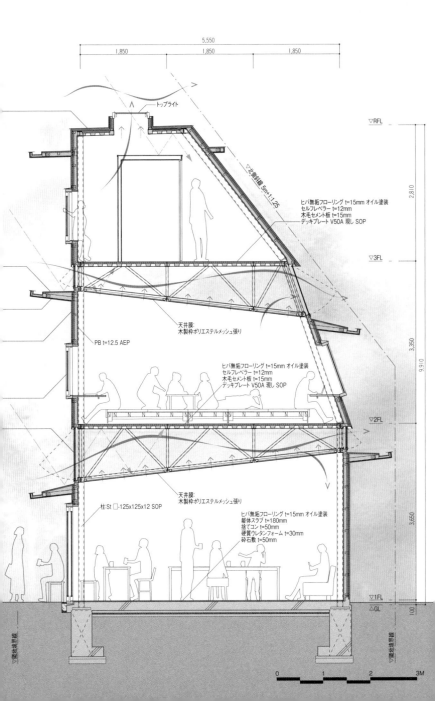

5,550

1,850　1,850　1,850

トップライト

▽RFL

∧

▽北側斜線 5m+1.25

2,810

ヒバ無垢フローリング t=15mm オイル塗装
セルフレベラー t=12mm
木毛セメント板 t=15mm
デッキプレート V50A 現し SOP

▽3FL

天井膜:
木製枠ポリエステルメッシュ張り

PB t=12.5 AEP

3,350

9,910

ヒバ無垢フローリング t=15mm オイル塗装
セルフレベラー t=12mm
木毛セメント板 t=15mm
デッキプレート V50A 現し SOP

▽2FL

天井膜:
木製枠ポリエステルメッシュ張り

柱:St □-125x125x12 SOP

ヒバ無垢フローリング t=15mm オイル塗装
躯体スラブ t=180mm
捨てコン t=50mm
硬質ウレタンフォーム t=30mm
砕石敷 t=50mm

3,650

▽1FL
△GL

100

▽隣地境界線

▽隣地境界線

0　1　2　3M

参加が現れる、手づくりの家具たち：アップサイクル

　続いて着目したのが、銭湯という空間が持つ地域性・歴史性だ。長らく地域を見守ってきた建物はもちろん、昔ながらの下足札や多くの人をのせてきた体重計、老舗店を紹介する銭湯広告など、家具や備品にも地域の記憶や人々の行為が蓄積されている。時を重ねたものが醸し出す愛着は、何ものにも代え難い。

　小杉湯となりも新築ではあるが、関わる人の物語を重ねることで長く愛される場所にしていきたいと考えた。そのきっかけの1つとして用意したのが、多くの人に関わってもらえる家具の共同制作プロセスだ。1階の椅子は「無印良品」の協力を得てワークショップを開催し、メンバーの実家から使われていない家具を集めてアップサイクルした。表面を磨いて同じオイルで塗装することで、一脚ずつ形は違うが仕上げの色は同じ家具として再生された。なかには、祖母の嫁入り道具がよみがえったという一脚もあり、参加者の思いが空間に反映されていった。2階の座布団はインディゴ染めに挑戦した。染めムラはあるが一つひとつ味わいの異なる愛嬌のある模様が生まれた。オープン後に常連となったワークショップ参加者もいて、風景の一部を自分でつくるプロセスが、場所への愛着を生むことを実感した。

不揃いでも調和する、持ち寄りの空間：新旧の共存

　備品の選定においても、全体のトーン＆マナーは調整しつつ、さまざまな人の持ち寄りで空間を構成した。例えば、花瓶などの置物は近所の方からいただいたものを活用し、料理の皿は小杉湯の女将さんがつくった焼物を使っている。ベースの空間に統一感があれば、適度なノイズがあった方が空間に彩りが生まれる。

　その他、畳は老舗畳店、簾は全国に数人しかいない職人に依頼するなど、工芸品はこだわってセレクトした。銭湯ぐらしのクリエイター陣が制作したものも多く、看板やサインはデザイナーが担当した。一方で、よく更新する掲示物は現場スタッフが手書きで対応するようにしている。完璧に仕上げすぎると隙のない空間になり、時として疎外感を与えてしまうことがあるが、新しさと懐かしさ、整える所とあえて崩す所をバランスしながら、親しみやすい空間になることを心掛けた。

アップサイクルのワークショップの様子

再生された椅子

解釈を委ねる、名のない部屋：モードに合わせた選択

　物理的な空間の設計だけではなく、その場所を印象づける建物の名前も重要だ。建物名を小杉湯となりにした理由は2つある。

　1つ目は、文字通り「小杉湯のとなりにある」というシンプルな理由だ。検討段階から私たちも自然に「小杉湯のとなり」と呼んでいたし、完成後もお客さんは「小杉湯のとなりの建物」と認識するだろうから、違和感がない名前が一番良いと考えた。2つ目の理由は、小杉湯を大規模化・複合化するのではなく、その隣に新しいまちの拠点が増えることを表現したかったからだ。銭湯はまちとともに栄えてきた歴史があるため、小杉湯だけが一人勝ちするのではなく、地域の魅力を増やすことで、まち全体に貢献したいという思いを込めている。既存の地域資源に新しい価値が寄り添うことで相乗効果を生む手法は、ほかの地域でも応用可能だ。

　また部屋の名付け方にも意図がある。小杉湯となりでは1階を「台所のような場所」、2階を「書斎のような場所」と呼んでいるが、明確な部屋名はない。これも銭湯に倣った考え方だ。銭湯は入浴という明確な利用方法はあるものの、体の疲れを取りたい人もいれば、心を癒やしたい人もいる。また、定休日はイベントに使われるなど、多様な目的・用途の受け皿でもある。小杉湯となりも場所の使い方を決め切らず、一人ひとりが居心地の良い過ごし方を見つけ

てほしい、という願いを込め、あえて部屋名を決めないことにした。実際に1階は、コワーキングスペースとして使う人からリビングのように使う人までその振る舞いは多様で、複数の目的が同居する場所になっている。なかには、用事はないけど仕事から帰宅する途中でふらっと立ち寄る人もいる。その他、集中したいときは2階に上がり、だれかと話したい時は1階に下りてくるというように、その日のモードに合わせて環境を選択する自由もある。

　以上のような空間面の工夫で、銭湯の居心地を新しい建物に吹き込んでいった。ただ当然のことながら、空間と同じくらい重要なのが運営だ。銭湯でも場を整える番頭や来訪者を迎え入れる番台がいてこそ、その居心地が保たれている。次の章からは、いよいよ小杉湯となりがオープンしてからの運用面の工夫を紹介していきたい。しかしオープン直後、まったく予想していなかった新型コロナウイルスの感染拡大が始まることになる。

計画フェーズのヒント

ソフトとハードを一体的に考える

　ここでは本章で紹介した、場を計画するヒントをまとめる。職業もバラバラ、事業の立ち上げも素人だったメンバーが、なんとか事業をスタートできたのは「ソフトとハードを一体的に考える」ことができたからだ。建築のプロジェクトに関わると、「ハードとソフト」「デザインとマネジメント」（空間と運用）どちらに重きを置くか？という話になることもあるが、当然ながら一体で考えることが望ましい。運用が考えられていないと使いづらい空間が生まれるし、空間を軽視すると運用の質の低下につながる。

　場づくりにおいて、計画する人と運営する人が異なる場合もあるが、そこに血が通うことで生きた場が生まれると考えている。私たちは、運営にまで関わるという前提があったことで、責任感ある事業計画と組織づくり・運営を支える建築設計を実現することができた。ここでの工夫が、次章で説明する持続可能な運営につながっていく。

ハードとソフトの両立

事業をつくる ▶

当事者の「やってみたい」を束ねる

　銭湯は、普段の役職や肩書を気にせず人と向き合える場だが、私たちの組織や事業のつくり方もそれと似たところがある。一般的な会社だと、先に仕事があって、その業務を達成するために最適な人を割り当てることが多いが、小杉湯となりでは先に人ありきで事業を構想した。これは、担い手が当事者意識を持つことこそが、事業の継続性を高めると考えているからだ。そのうえで、個々人の「やってみたいこと」を掛け合わせることで、新しい価値をつくることを心掛けてきた。やってみたいことは、だれかのサポートでもいいし、本業の職能とは別の内容でもいいが、自分で決めることを大切にしている。

　新しい事業を考える際にも、なるべくその人の実体験から着想するようにしている。多様なペルソナを設定する手法もあるが、自分自身が感じたニーズの方が確信を持てるし、思いを持って伝えることで周囲の共感を集めることにもつながる。最初の動機は、良い意味で自分本位でいい。

「決めないこと」を決めて選択肢を広げる

　現代の都市空間は、明確な目的や機能がある場所が多いが、人々の価値観は多様化している。だからこそ、場の使い方を決める際は、既存の用途だけで考えずに、選択肢を広げておくことや、あえて用途を決めないことが、後の運用で効いてくることもある。

　小杉湯となりは、シェアオフィスほど使い方が決まっているわけでも、シェアハウスほど他者と時間を共有するわけでもない。「1人になれる場所」と「交流できる接点」が両立し、過ごし方や人との距離を選べることが価値になっている。また、臨機応変にレイアウトを変えられるようにしたことで、次章で説明する運用の変化にも対応できた。

　建築は、完成した時がゴールではない。使われはじめると、必ず想定外の利用方法や、計画とのズレが生じる。しかしながら、そのズレにこそ社会の実態が現れており、それを顕在化させることが建築の役割の1つでもある。運営まで関われば、その結果を空間にフィードバックすることもできる。使い方を決めないことは、一見すると中途半端だが、決めないという決断が価値になる場合もある。大切なのは、変化を前提にすることだ。

場を設計する ▶

運営を見据えてデザインする

　空間の設計においては、見かけの美しさだけでなく、運用後にどんな風景を実現したいのか、徹底的に考えることが重要だ。

　小杉湯となりで目指したのは、ほどよい距離の人とのつながりであり、それを実現するために「場を介したコミュニケーション」が生まれる仕掛けをデザインした。人と人とのコミュニケーションは、運用段階で促すことができるが、人と場のコミュニケーションは、設計段階から考えておく必要がある。空間で実現できることが増えれば、運営の負担を軽減することにもつながる。

　今回は、企画・設計・運営のプロセス全体に関わることでそれが可能になったが、それぞれの担当者が異なる場合でも、密に連携しておくことをすすめたい。なお、工事フェーズも運用に向けて活用することができる。多くの人に使ってほしい場所であれば、DIY ワークショップを通して、オープン前からファンづくりを行うことも有効だし、オープン後にカスタマイズできる余地を残しておくのも工夫の 1 つだ。

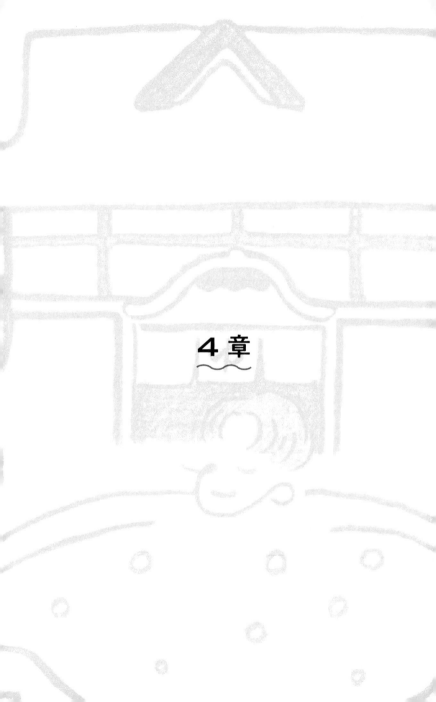

4章

銭湯の居心地をつくる

小杉湯となりのほどよいコミュニケーション

4-1

オープン直後の緊急事態宣言
安心できる暮らしを守るために

「湯・食・住」がつながる風景：幻の3週間

　2020年にオープンした小杉湯となり。しかしその直後、新型コロナウイルス感染症拡大の影響を受け、大きな運用変更を迫られることになる。本章ではオープンから現在までの運用の変遷を辿っていく。この時期はこれまでで最もつらい時期だったが、その葛藤と変化の苦境を乗り切る手掛かりとなったのもまた、「銭湯の居心地」であった。空間面だけではなく運営面においても銭湯に学びながら試行錯誤することで、利用者・運営者の多様性・主体性が少しずつ育まれ、結果的に目指していた風景に近づいていったように思う。

　新型コロナウイルスの感染拡大は、小杉湯となりがオープンした2020年3月16日の少し前から、毎日ニュースで取り上げられていた。開業準備もギリギリまで終わらず、1カ月ほど不安で眠れない日々が続いたが、なんとかお客さんを迎えられる状態を整えた。一方で、感染症対策として席数を減らし、営業時間を短くしてのスタートになった。オープニングイベントなどは行わず、銭湯のお客

さんや地域の人に安心して使ってもらうことを心掛けた。

　当初の予定どおり、1階は飲食店として営業を始めた。飲み物は小杉湯の日替わり湯と連動した季節のサワーを提供し、食事は体に優しい小鉢や定食など、湯上がりに相性の良いメニューを開発。2階はセルフドリンクつきの有料席で、平日の夜と休日は2時間500円の席、かつ平日の日中は会員限定の席として運用を開始した。会員プランは、小杉湯となりの2階を使えるだけではなく、1階でご飯とみそ汁が食べ放題になるプランや、小杉湯でのサービスがついてくるプランをつくり、1〜3万円の価格にした。まさに、銭湯のある暮らしを体験できる内容である。

左：小杉湯となり外観 ／ 右上：飲食スタッフの調理風景 ／ 右下：季節の湯上がりサワー

3階は、銭湯に入り放題で1カ月滞在できる場所として運用を開始した。温泉地に長期滞在して療養する「湯治」を都市で体験するイメージだ。オープンして2週間は、感染症の影響はあったものの、1日約60人の方が利用してくれたほか、2階の会員や、3階の滞在者も少しずつ決まっていった。何より嬉しかったのは、多様な人が共存する銭湯のような風景を見られたことだ。宿題に集中する学生の横で畳に寝そべる親子が居たり、常連のおじいさんと銭湯に初めて来た若者が同じ食卓を囲んだり、1つの場所にさまざまな時間が交差していた。これまで小杉湯で長年顔見知りだった人同士が、初めて言葉を交わすという、銭湯だけでは起きえなかった出来事も垣間見ることができた。

　しかし、そんな時間もつかの間であった。オープンして間もない4月7日の緊急事態宣言発令により、店内営業は休止を余儀なくされたのだ。当時は、2年間かけて仕込んできた計画が水泡に帰した状態だったが、落ち込んでいる余裕はなかった。

宿題を教え合う親子

老若男女が交わる食卓

徒歩圏内で経済を循環させる：生活インフラの再発見

　世界中に蔓延する先が見えない不安のなかで、どうやったら銭湯のようにほっとできる時間を届けられるか？　また、どのようにして売上を立て、この場所を守っていくか？　メンバー話し合った結果、3つの取り組みを始めることにした。

　1つ目は、店頭でのお弁当販売だ。飲食営業にも不慣れな状況で準備には時間が掛かったが、メンバー総出で盛り付けを行いつつ、弁当に栄養メモを添えるなど、少しでもお客さんとコミュニケーションが取れるよう工夫した。売れ残った時は小杉湯の常連さんが買ってくれることも多く、小さい経済圏がある大切さを学ぶきっかけにもなった。2つ目は、近くのお店と共同企画した、各店舗の商品を組み合わせたセットメニューのデリバリー販売だ。例えば、小杉湯の入浴剤・高円寺のブリュワリーでつくったクラフトビール・近所のフラワーショップで販売する一輪挿しを組み合わせた「湯上がりを楽しむセット」など、暮らしが少しでも明るくなるような商品構成を考えた。この取り組みによって、コロナ禍で売り方に困っているお店と、お店を知らなかった人をつなぐことができた。3つ目は、軒先でのマルシェだ。商品選びにおいては地域とのつながりを大切にして、知り合いの農家さんから仕入れた野菜、近くの珈琲屋さんにつくってもらったコーヒー牛乳用のオリジナルブレンドな

ど販売した。ただ買うだけではなく、その先に関係性が広がっていくように、商品や生産者のストーリーを伝えるように心掛けた。マルシェは現在も定期的に開催しており、これを機に商品の共同開発を始めたお店もある。このように、できることを1つずつ見つけていくなかで、徒歩圏内での暮らしや身近な経済圏の大切さを学ぶことができた。

とはいえ、小杉湯となり自体は当初のコンセプトを実現できていないのも事実であった。緊急事態宣言は5月末に解除されたが不特定多数の人が集まる場所への不安は世間的にも強く、収束には時間が掛かることが予想された。オープンから2カ月あまり耐えてきたが、先の見えない厳しい経営状況や急激な変化に私たちも疲弊していたし、不安な状態で訪れる利用者の表情も緊張して見えた。このまま場当たり的な運営を続けても、だれも幸せにならないのではないか？という疑問が募りはじめる。もう一度、この場所の意義を見直すべきタイミングが来ていた。メンバー全員で改めてこの事業で大切にしたいことを話し合い、1つの決断に至る。

緊急事態宣言後の様子：軒先でのテイクアウト販売・マルシェ、周辺店舗と連携したデリバリー事業

4-2

悩んだ末の会員制への切り替え
自宅以外に暮らしの拠点がある大切さ

銭湯の居心地に立ち返る：会員≒常連と捉える

　このとき立ち返ったのは、「銭湯の居心地」だった。つらい状況が続くなかで、私たちにとっても銭湯は唯一ほっとできる場所だった。小杉湯に以前のような賑わいはなかったが、近所に住んでいる常連さんを見かけたり、番台でスタッフと挨拶を交わしたり、些細ではあるが緩やかなつながりに救われた。

　では小杉湯となりを少しでも多くの人に安心して使ってもらうにはどうすれば良いか？　コロナ禍でも「銭湯のある暮らし」を守る方法はあるか？　悩んだ末に出した答えが、当面は店内の利用を「会員限定」にすることだった。利用者を顔の見える関係に限定することで、安心して使える人を1人でも増やそうという判断だ。もちろん、銭湯のように老若男女に開かれた場所を目指していたのに、利用者を限定するという決断には葛藤もあった。しかしこの決断を肯定的に捉えられたのは、小杉湯の「常連さん」たちの存在があったからだ。銭湯には良き常連さんが居ることで、場の秩序や文

銭湯の居心地をつくる──小杉湯となりのほどよいコミュニケーション

化が守られている。訪れた人はその振る舞いを見て使い方を学び、言葉を交わすことで銭湯の良さを知る。今回の会員は、銭湯で言う常連をイメージすることにした。この場所を最も使いこなしてくれる人と一緒に場の基盤をつくり、状況を見ながら少しずつ開いていけばいい。だれにでも開かれた場所が、安心できる場所になるとは限らない。今は顔の見える関係性をつくることに集中しようと考えた。

交流を前提にしない：閉じてから開く

　次に、銭湯は「交流を前提にしていない」ことについて改めて考えた。もちろん、だれかと話したいときに何気ない会話ができるのも銭湯の魅力だが、同時に、1人になりたいときにそれを受け入れてくれるのもまた、銭湯の良さだ。小杉湯となりは、もともと仕事をするためだけのワークスペースでもなければ、交流だけを目的にしたコミュニティスペースでもない。自分らしい暮らし方を実現するための場所だ。会員制と聞くとクローズドなコミュニティをつくるイメージを持つ人がいるかもしれないが、ほどよい距離感を保ちながら、徐々に地域とのつながりを生み出していけば、当初のコンセプトを守れるのではないかと考えた。

　会員プランの内容は、月額2万円で小杉湯となりが使い放題に

なるほか、チケットが毎月10枚付与されるというもの。チケットは銭湯の入浴券・周辺店舗の割引券・レンタサイクルなどに使えるようにし、まちとの接点を広げられるような仕掛けとした。

　もともとの会員プランは1万円・2万円・3万円と3つのプランを選べたのだが「プランが多くてわかりづらい」「銭湯のように金額が一律の方がフラットで良い」という意見を受けて、一律2万円に変更した。また、場の使い方も見直した。1階の飲食営業を会員向け・時間限定とし、それ以外は会員がシェアキッチンとして使えるようにしたほか、3階は会員が貸切利用できるようにした。

　2020年6月の営業再開にあたって最も気を使ったのが、安全の確保と顔が見える安心感だ。入退出はタブレットで管理し、アプリで食堂の利用予約ができるようにするなど、デジタルツールによる感染症対策を取り入れながらも、利用者数がわかるマグネットボードなど、アナログツールも残しつつ、人が集う場の手触り感やライブ感を残せるように意識した。また、イベントや日替わり湯など現場の情報をアプリで発信して、会員が訪れるきかっけをつくることも心掛けた。

ここは「銭湯つきのセカンドハウス」。小杉湯・とな
りをまるっと使える会員プランを開始します

会員募集記事の冒頭　　　　会員用アプリの画面　　　　入退出ボード

初期の会員プラン：レンタサイクルは tokyobike の協力を得ている

店内の利用再開

1人にも複数にもなれる：都会のセカンドハウス需要

　SNSで行った会員の募集では、「銭湯つきセカンドハウス」という
キャッチコピーをつけた。この名前に込めたのは、これからは家
の中を充実させることと同じくらい、「徒歩圏内の暮らし」も重要
になる、という思いだ。セカンドハウスというと遠く離れたリゾー
ト地に拠点を持つイメージがあるが、近所にあったっていい。それ
は、まちに開かれたもう1つの家のような場所だ。

　募集を開始した当初は、どのように受け止められるのか不安だっ
たが、予想以上の反響をいただいた。初回募集人数の20名は数日
で埋まり、そのあとは混雑状況を見ながら定員を増やしていき、
60〜70名の会員が利用するようになった。入会前には必ず見学会
を行い、住宅の内見のように空間の特徴を説明し、小杉湯となりが
誕生したストーリーやコンセプトまで理解してもらうようにした。
入会を希望する理由として、コロナ禍によるリモートワーク需要に
加えて「銭湯のある暮らし」に共感してくれた人が多かったこと
は、私たちの自信にもつながった。運用方法は大きく変わったもの
の、結果的に過ごし方の多様性は損なわずに運営を続けることがで
きている。

　会員の属性はさまざまで、年代を比較すると30代が多いが、全
体としては20〜60代と幅広い。職種も、学生から会社員まで多様

な人が入会しており、フリーランスのデザイナー、ライター、エンジニアもいれば、教員や医療従事者もいる。他方、住んでいるエリアは共通して周辺地域が多い。徒歩や自転車で通える人が6割程度で、電車を使って10分以上かかる人はそこまで多くない。

　少し予想外だったのは、会員の住まい方だ。一人暮らしの人が多いことを想定していたが、同居人がいる会員も多かった。「仕事場が確保できない」という理由に加え、「同居人と距離感が近くなりすぎてしまい、自分だけの居場所が欲しい」という理由もあった。一人暮らしの人がだれかとの接点を求めるのと同じように、だれかと同居している人は1人になれることも重要なのだ。「まちのシェアスペース」はコロナ禍を経て、これまでにない新しい形で求められていることを実感した。

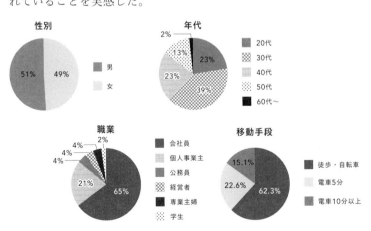

小杉湯となり会員の属性（調査期間：2022年6～8月、対象：全会員）

【小杉湯となり会員の声】

こじこじさん ／ ウェブ編集者・ライター

馴染みの小杉湯に通っていた頃から、小杉湯となりの完成を楽しみにしていた。会員・家守として多世代の人と交流することで地域への愛着も深まった。

いのうえさん ／ 高校教員

忙しい日でも小杉湯となりに寄ることで、自分の勉強時間を確保でき助かっている。食堂がある日はあたたかいご飯も食べられるので、家のような存在になっている。

こまつさん ／ 主婦

家族と同居しているので、近所に自分の時間を持てる場所があって嬉しい。休日は朝湯に入って、モーニングを食べて、1日を気持ち良くスタートできている。

せいこさん ／ ヨガインストラクター

会員さん向けに、週替わり食堂を開催している。飲食店をやってみたかったので、チャレンジできる場所があって良かった。今後は、ヨガ教室も開催する予定。

はぎーさん ／ エンジニア

在宅ワークでずっと家にいたが、入会後は小杉湯となりで自炊をしたり銭湯で気分転換をしたり、外に出る機会が増え、まちを身近に感じられるようになった。日常にリズムができ、仕事も生活も質が高まった。

こばさん ／ 編集者(会員→小杉湯となり別荘運営)

元々会員だったが、長野に移住してゲストハウスを運営することになった。小杉湯となりと連携したかったので、プロジェクトメンバーに入り一緒に活動している。

あゆさん ／ 管理栄養士

平日は仕事終わりに読書をしたりくつろいだり、土日は料理や畑作業をしている。となり大学で書道を教えるなど、好きなことを活かせる環境が財産になっている。

ハラユキさん ／ コミックエッセイスト・イラストレーター

夫婦とも在宅ワークになったので、家以外の居場所が欲しくて入会。仕事で肩が凝るので、銭湯に救われている。子ども会員をつくってもらったことに感謝している。

さとうさん ／ 医学博士・大学教員

法人会員の制度をつくってもらい、小杉湯・小杉湯となりと連携した健康づくりのプロジェクトを行っている。医療・福祉に関わる仲間が加わり活動を広げている。

ゆきさん ／ カジノディーラー

祖母の認知症をきっかけに、カジノディーラーの経験を活かした高齢者向けの健康カジノなどを開催している。普段の仕事で会わない人と活動できて刺激になっている。

あっきーさん ／ 不動産会社勤務

仕事場として利用している。だれかがいると落ち着くし、適度な緊張感もあって作業も捗る。仕事の合間の他愛もない会話や、おすそ分けをもらうのも楽しみ。1階で作業したくなるのは、小さい頃にリビングで勉強した感覚に近い。

まひろさん ／ デザイナー（家守→銭湯ぐらしデザイナー）

元々会員だったが、場の運営に興味があり家守に応募。もっと場を育ててみたいという思いが募り、デザイナーとしてプロジェクトメンバーにもなった。

4-3

現場で起こる主体性の連鎖
理想の暮らしが実現できる場所

主体性が集まる：個人の暮らしが持ち寄られ、混ざり合う

　会員制にすると、利用者が小杉湯となりで過ごす時間は必然的に増えていく。その分、会員同士が持ち寄る暮らしは自然と混ざり合っていった。例えばシェアキッチンで会員が自炊をしていたときのこと。おかずが余ったので、その場にいた人にお裾分けをしたところ料理トークに花が咲き、会員同士で梅干しづくりワークショップを開催することになった。またある会員は、朝が苦手だという話を現場スタッフにしたところ「ラジオ体操をしてみては？」と言われ、掲示板で仲間を集めることに。参加者は少しずつ増え、ラジオ体操が小杉湯となりの日常の風景になった。1人ではできないけど、だれかと一緒ならできることもある。会員に共通するのは、自分の暮らしをより良くするために入会したことだ。そんな、日常をちょっとだけ充実させる活動が集まるようになっていった。

　会員だけではなく現場スタッフからも自発的な取り組みが生まれた。あるスタッフは、子どもやお年寄りにも小杉湯となりとの接点

を持ってほしいという思いから、軒先で駄菓子屋を始めた。別のスタッフは、会員以外もテイクアウトできるフルーツサンド販売をスタートした。しばらくすると、当初スタッフが主催していたイベントを、会員が手伝ってくれるようになった。オープン1周年企画では、あるスタッフが実行委員を募ったところ、会員とスタッフ合わせて計50人もの人が集まった。その後は、会員主導で、地域との連携したイベントなども開催され、活動は次第にまちへと広がっていった。最初は参加者でも、話しているうちに「こんなことをやってみたい」という声が生まれる。スタッフはその声に耳を傾け、一緒にできる方法を考える。時には一緒に楽しむことで、「私もやっていいんだ」と思える状況をつくっていった。実際に、イベントの主催者は徐々にスタッフから会員へと移り変わり、参加者の幅も広がっている。

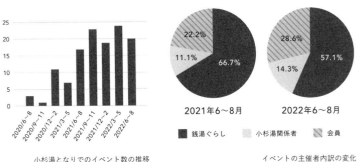

小杉湯となりでのイベント数の推移

イベントの主催者内訳の変化

2021年6〜8月　　　2022年6〜8月

■ 銭湯ぐらし　　　小杉湯関係者　　　会員

会員の日常：自炊

スタッフの日常：投げ銭カレー

最年少スタッフの企画：フルーツサンド屋

最高齢スタッフの企画：わたあめ屋

会員の活動：写真展

小杉湯との連携企画：となり文化祭

会員とスタッフの企画：梅干しづくり

会員とスタッフの日常：ラジオ体操

会員の活動：子ども工作教室

会員の活動：畑づくり

商店街との連携企画：スペイン祭

会員の活動：天体観測

境界がなくなる：スタッフ不在の自治の実験「家守タイム」

　運営面でも面白い変化が起きた。現場にスタッフが居ない「家守タイム」という時間が誕生したのだ。その時間は自治運営のような形で、有志の会員やボランティアメンバーからなる「家守」と呼ばれる人たちが、場の運営を担う。湯を守る人が「湯守」と呼ばれることに倣った名前だ。その役割は、自分の手で自分なりの居心地をつくることであり、ちょっとした片付けや接客以外は、自由に過ごしてもらっている。

　仕組みをつくったきっかけは「運営を手伝いたい」という人が現れたことだった。話を聞くに「場に関わる接点が増えたほうが居やすくなる」と言う。とはいえ、いきなり運用者のように振る舞うのも難しいと思い、利用者と運営者の間の存在をつくることにしたのだ。試しに初期メンバーを募集したところ、会員から7名、銭湯ぐらしのメンバーから9名が集まり、18〜21時の時間帯を家守が運営することになった。家守タイム開始後、利用者ならではの小さな気づきが実装されていく。例えば、共用コップの運用ひとつとっても「返却方法がわかりづらい」と気づいた家守がいて、返却コーナーのPOPをつくってくれた。また、家守がコップを自分で洗うようになってから、「洗っていいんだ」と気づいて自ら洗ってくれる人が増えていった。

　一般的なお店では、サービスを与える側と受ける側に線が引かれがちだ。しかし小杉湯となりでは、会員制への変更と家守の導入によりその境界が緩やかになり、関わり方の幅が広がった。家守を体験した会員いわく、「今まで場所を消費する感覚があったが、家守になってから場所を育てていく感覚になった」そうだ。利用者がやっていいことが増えるにつれて運営者との垣根がなくなり、自分の場所として使いやすくなるだけではなく、そこに愛着が芽生える。「居心地の良い場所をつくりたい」という主体性で成り立つ状況をつくることが、結果的に利用者の居心地に返ってくることを学んだ。

【一般的な店舗：関係性が一方的】

【小杉湯となり：関係性が双方的】

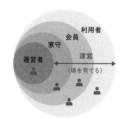

※役割にグラデーションがあり、
重なることや行き来することもある

小杉湯となりにおける役割のグラデーション

家守の様子：「お菓子つくったけど食べる人いますー？」という声が響く

事業が生まれる：医療・福祉のアプローチ

「となりの保健室」「パパママ銭湯」

　小杉湯となりを地域の社会事業の拠点として活用する会員も現れた。医療・福祉に従事する会員が始めた「となりの保健室」は、会員制になって生まれた興味深い取り組みだ。湯上がりの健康相談や散歩企画、認知症予防のボードゲームなど、日常的な健康づくりを行っている。散歩コースには、小杉湯となりの連携店舗に挨拶する行程が含まれていて、参加者の地縁が広がっている。

　また、小さいお子さんがいるメンバーと会員が始めたのが「パパママ銭湯」だ。入浴時に子どもの面倒を見るスタッフを配置し、親子でのんびり入浴できる内容になっている。この活動は、ほかの地域からも声が掛かるほどに広がりを見せている。

　このように、最初は個人の理想の暮らしを実現することが目的でも、それらがつながりはじめ、まちや事業と接点を持ちはじめている。会員制に移行する時は不安だったが、利用者一人ひとりと向き合いながら主体性を育むことで、運営者だけでは辿りつけない景色が見えるようになってきた。

各種イベントのチラシ。上段：会員・現場スタッフ制作 ／ 中・下段：デザイナーのメンバー制作

まちに開かれる：常連と一見さんの共存
「となり食堂」「となり大学」

　「withコロナ」の生活が少しずつ浸透してきたオープン2年後の2022年夏頃からは、会員以外の人が利用できる機会を徐々に増やしている。まずは「となり大学」と題して、身近な人を講師に招いた暮らしの勉強会を始めた。1回目は近くの珈琲屋の店主によるドリップ教室、2回目は習字が得意な会員による習字教室など、暮らしの知恵を学び合う場だ。

　続いて「となり喫茶」だ。週末の午前中は、1階をだれでも利用できるカフェとして開くことにした。小杉湯の地下水で茹でている「銭湯卵」が人気で、銭湯の常連さんにもリピーターが多い。また使っていない場所や時間は、会員以外にも貸し出すことにした。定休日の日曜は、1階のキッチンで週替わり食堂、2階ではワークショップ、3階ではマッサージ、軒先ではチャレンジショップなど、さまざまな出店者やイベントに使われはじめている。

　ちなみにこれらの運用は、会員全員と対話してから開始した。というのも、場を開くことは初めて訪れる人にとっては前向きな一方、会員にとっては居心地を阻害する要因にもなりかねないからだ。小杉湯となりの会員数は、一人ひとりと対話ができる規模だ。対話の結果、好意的に受け取ってもらうことができ、会員の楽しみ

にもつながっているようだ。

　また最近は、国内外の観光客向けに観光・宿泊事業も準備中だ。小杉湯となりが高円寺観光の玄関口として、銭湯の案内やまち歩きツアーなどを行う予定だ。

　近所の人にとってはふらっと立ち寄れるまちの縁側として。小杉湯のお客さんにとっては湯上がりの幸せの延長として。国内外からの来訪者には、まちを知り楽しんでもらう起点として。さまざまな人が「銭湯と暮らし」を一緒に楽しめる場所にしていきたい。

間貸し：軒先ポップアップショップ

となりの保健室：認知症予防ゲーム

となり喫茶：モーニングセット

となりの大学：ドリップ教室

間貸し：ヨガ教室

間貸し：将棋教室

となり大学：習字教室

間貸し：古本市

間貸し：週替わり食堂

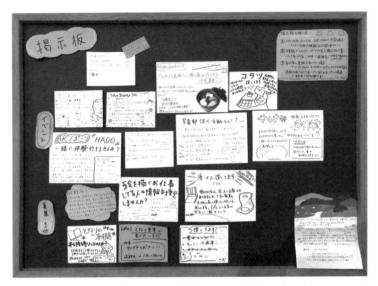

掲示板：映画鑑賞やスナックなど屋内の企画に加え、ランニングやフリーマーケットなどの屋外の企画も

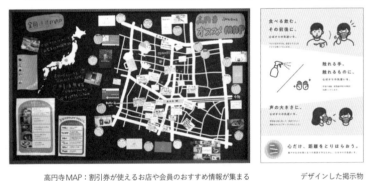

高円寺MAP：割引券が使えるお店や会員のおすすめ情報が集まる

デザインした掲示物

お裾分けコーナー

シェアライブラリー

手書きの掲示物

間接的につながる：交流の接点になる 「掲示板」「お裾分けコーナー」

　感染症の拡大が落ち着いてきた頃から、直接的な交流が増えてきたが、依然活発に使われているのが、場を介したコミュニケーションだ。例えば2階の本棚は、会員から要望があり1棚ずつ貸し出したところ、個性が現れた本棚になり、会員同士のコミュニケーションツールとして一役買っている。また、1階の掲示板では「冷蔵庫を探しています」といった物々交換や、「イラストレーター募集」といったジョブマッチングまで行われるようになった。イベントを企画する際は、ほかの利用者に影響がある場合のみ運営側に相談することになっているが、基本的には会員に任せるようにしている。その他、「お裾分けコーナー」や「ご意見板」を設けることになり、間接的なご近所づきあいのような風景が生まれている。

　なお、スタッフ側も掲示物の書き方を工夫しており、利用ルールを伝えたい時は、心遣いを促す表現にしたり、利用者がやってくれたら嬉しいことを書いてみたり、考える余地を残すように心掛けている。利用者が主体的に関われるこれらの接点づくりは、会員制への変更が大きく影響している。運用の変化に併せ、空間のニーズは変わっていくので、その都度カスタマイズが必要なのだ。

多様な居心地を守るために

　他方、運用面で気をつけているのは、利用者の一人ひとりの居心地を保つことだ。例えば、場が盛り上がっているときこそ、居づらさを感じている人がいないか気を配るようにしている。積極的な交流はせず自分のペースで使いたい人もいて当然だし、私たちもその選択肢を尊重したい。そのため、イベントの開催は原則1階のみで、2階は常時静かな場所を確保するようにしている。小杉湯となりは、全員参加型のコミュニティではない。あくまで、自分の暮らしを良くしようとする個人の集まりだ。この前提があることで、多様な活動が共存できている。

　そして、小杉湯の教訓に立ち返り、場を綺麗に保つことも忘れないようにしている。朝晩の掃除の徹底はもちろん、気温・湿度・明るさなど、1日の変化にあわせて環境を調整している。

大掃除の様子

ご意見板にコメントする会員

【オープン当初】

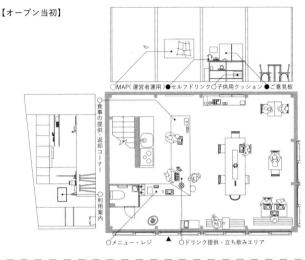

○MAP（運営者運用）●セルフドリンク●子供用クッション●ご意見板

食事の提供・返却コーナー

○利用案内

○メニュー・レジ　　▲　　○ドリンク提供・立ち飲みエリア

【オープン3年後】

●ご意見板（回答）　●MAP（利用者運用）●掲示板　●会員の作品

●ご意見BOX

●シェアキッチン・返却台　●セルフ会計　●おすそ分けコーナー

●利用状況お知らせ板

●チラシコーナー

○下駄箱　●セルフチェックイン　●物販コーナー　○ベビーベッド

○運営者から利用者へのサービス
●利用者が関わる場

家具・備品・レイアウトの変化

129

4-4

銭湯に学ぶ、現場の運営マインド
「居てもいい、やってもいい」と思える寛容さ

その日その人に合わせる：番台コミュニケーション

　利用者に「銭湯のような居心地」を感じてもらうため、小杉湯となりの現場スタッフは、銭湯を参考にした「運営マインド」を持つようにしている。まずは「いつもあたたかく迎えてくれる」番台に学んだ接客スタイルだ。小杉湯の番台に立つスタッフは、常に同じコミュニケーションを取るわけではない。話をしたそうは人には声を掛けるが、調子が悪そうな人が来たら、控えめな接し方をしてくれる。そんな番台に倣い、小杉湯となりのスタッフも状況に合わせた声掛けを大切にしている。人によって心地よい接し方は違うし、その日の気分もある。短時間の会話だとしても、その時々に合わせたコミュニケーションを取るように心掛けている。

左：小杉湯の番台
右：小杉湯となりのカウンター。利用者が気を張らないよう「あえてダサい格好をする」というスタッフも居る

近すぎず遠すぎない：フラットな距離感

　銭湯ぐらしに関わるメンバーには内向的な性格の人が多いのだが、偶然ではないと感じている。仕事や社会でのコミュニケーションに疲れてしまい、銭湯に救いを求めて来る人は少なくない。小杉湯となりでは、交流するのが苦手な人でも来やすい場づくりを考えてきた。「元気がないけど外に出たい」「1人でいたいけどつながりを感じたい」そんなときでも訪れやすい場所だ。だから、相手に特別変わった様子がないときは、近すぎず遠すぎないフラットな距離感を意識している。例えば、挨拶するときも「いらっしゃいませ」は他人行儀だけど「お帰りなさい」だと距離が近すぎると感じる人もいる。関係性にもよるが「こんにちは」くらいの距離感をベースにしている。

お客さん目線で居続ける：ルールを委ねる

　小杉湯のスタッフは、銭湯を経営するうえでお客さんとの何気ない会話を実はとても大事にしているという。日常の会話にこそ、お客さんの率直な意見が含まれているからだ。

　小杉湯となりでも、利用者が気軽に意見できる機会を設け、営業改善に活かしている。例えば、「ご意見板」の運用がその1つだ。

特にオープン前には、関係者限定でプレオープン期間を設けて改善点を出してもらい、翌日には改善することを繰り返した。お客さんからの意見で大きく変わったことの1つに、上下足のルールがある。もともとは下足利用の想定だったが、プレオープン中に上足で営業してみたところ「家に帰ったようで安心できる」「裸足が気持ち良い」という感想をもらい、上足で運用することになった。また、子どもの利用方針も会員の発案で決めていった。当初は想定していなかったが、小さいお子さんと一緒に使いたいという会員からの相談をきかっけに、運用ルールを考えた。先にルールを決めた方が楽だが、できないことを決めつけてしまうのはもったいない。できる方法を一緒に考えることで新たな気づきがあるし、ニーズに応じた仕組みができていく。意見をすべて取り入れるわけではないが、良いと思えることはクイックに試してみる姿勢を大切にしている。

 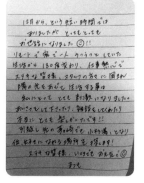

ご意見板(左)：仕事に集中するためのスマホ預かりサービスなども反映。感謝の手紙(右)をもらうこともあった

20〜80歳の多世代スタッフ：それぞれの特技と視点

　前章で書いたとおり、小杉湯となりは銭湯のように多世代が共存できる場所を目指していたため、現場スタッフも幅広い世代を集めている。結果的に、将来銭湯のような場所を運営したいという20歳の学生から、子どものために地域の居場所をつくりたいという子育て中の方、毎日小杉湯に通っている60歳の常連さんなど10人がスタッフとして参加してくれることになった。

　世代ごとに、現場で気づく視点は異なるもの。子育て中のスタッフが子ども用品を整備したり、年配のスタッフがお年寄向けのマニュアルをつくったり。また、若手のスタッフはSNS発信リーダー、年配のスタッフは掃除リーダーを努め、お互いに教え合う状況も生まれている。法人設立時は30歳前後のメンバーが多かったので、一気に視野が広がったし、スタッフ自身も異なる世代と関わると学びが多いと話す。利用者からも「同世代が居ることで安心できる」という感想もあれば「普段は接することがない世代の方と話せて面白い」という感想もあり、関わりやすさの幅を広げる一助になっているようだ。

　小杉湯となりにおけるスタッフの役割は、小杉湯となりを「自分が居ていい場所」だと感じてもらい、そのうえで「やってみたいこと」が生まれた時に、背中をそっと押すようなコミュニケーション

を図ることだ。そして、このマインドは、現場スタッフだけではなく、運営母体である銭湯ぐらしという会社自体に通じる考え方である。次項は、会社における組織づくりの工夫を見ていく。

【現場スタッフの声】

山﨑紗緒 ／ 初代店長

小杉湯となりの計画を知って、私の作りたかった居場所はこれだ！と思い連絡。その日から定例会に参加し、気づけば店長に。大切にしているのは、環境に気を配ること・一言でも会員さんと言葉を交わすこと。

吉本淳 ／ アルバイトスタッフ

ワンオペ育児に疲れていた時に、スタッフ募集を見て応募。近所に子どもが遊びに行ける場所・頼れる場所ができて助かっている。大切にしているのは、話しかけやすいように、忙しくても暇そうにすること。

吉田さとる ／ アルバイトリーダー

番台で声を掛けられ働くことに。今までやってきた家事を活かせるし、若者から学ぶことも多い。大切にしているのは、笑顔と挨拶を大事にすること・掃除を徹底すること。

樋口久菜 ／ 二代目店長 兼 デザイナー

場の運営とデザインを両立できることに魅力を感じて参加。代替わりのタイミングで店長になることに。大切にしているのは、会員さんがありのままで居られるように自然体でいること。1人でいても心地いい空間にすること。

小林友希 ／ アルバイトスタッフ 兼 地域連携マネージャー

まちと人との共生から豊かな暮らしをつくる活動に共感し参加。大切にしているのは、会員さんであることが誇りに思えるサービスにすること、会員さんのやってみたいことを応援すること。

左：スタッフによる試食会
右：80代のスタッフの「お風呂のもと」制作風景

4-5

暮らしと仕事が混ざり合う会社運営
個人を尊重する組織

株式会社銭湯ぐらし：事業者であり実践者である

　ここからは、小杉湯となりの運営母体である法人「株式会社銭湯ぐらし」の組織マネジメントの工夫を紹介したい。改めてだが、銭湯ぐらしの目的は「銭湯のある暮らしを広げる」ことだ。その方法として小杉湯となりの運営だけではなく「まちづくり・ものづくり・ことづくり」の三本柱で事業を行っている。本書で取り上げたのは「まちづくり」の実践だが、「ものづくり」として、お風呂に関する商品の開発・販売（お風呂のもと・アパレルなど）、「ことづくり」として空間や商品のデザイン・コンサルティング（全国の拠点・企業との連携）を行っている。

　前述した通り、組織の特徴の1つが、ほぼ全員兼業で職種も世代もバラバラなこと。各々が自分の関わり方を選び、その役割を担っている。

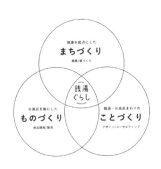

銭湯ぐらしの3つの事業領域

また、メンバーは銭湯ぐらしという暮らし方・生き方を広げる「事業者」であり「実践者」でもある。私がこれまでの経験から学んだ課題として、利益だけを追求したビジネスや交流だけを目的にしたコミュニティは、いつかだれかの無理が生じてしまうということだ。そこで、暮らしと仕事が混ざり合うような状態をつくることで、銭湯のように長く続いていく組織を目指すことにした。組織に関わることで自分自身の暮らしを充実させ、その実感をもとに事業をつくりユーザーに届ける、という順番を大切にしている。

　もちろん、この理想を実現するためのチームビルディングや組織マネジメントは一筋縄ではいかず、「やりたい仕事とやらなければいけない仕事」「楽しむことと稼ぐこと」のバランスに苦労しながら試行錯誤を繰り返している。しかしながら小杉湯となりの運営がそうであるように、一人ひとりと向き合う姿勢や主体性を促す仕組みをつくることで、多様なメンバーが当事者として動くことができている。

銭湯ぐらしの事業：「ことづくり」
自社のウェブサイトのデザインにも力を入れている。左：2018年時のサイト、右：2023年時のサイト

「ものづくり」では湯上がりに着たくなる服を開発。「URBAN RESEARCH」とのコラボではオリジナルブランドをつくり、小杉湯と共同で商品企画・PRを担当。筆者は「湯気人トレーナー」のデザインを担当

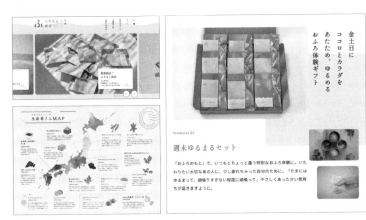

ECサイト「ふろもと商店」では、お風呂に関する商品を企画・販売。季節を感じる「お風呂のもと」は、全国の生産者と連携して、廃棄されていた天然素材(米ぬかなど)を活用して制作している

銭湯の可能性を広げる50人のチーム

　組織の工夫の前に、組織の全体像を紹介したい。会社のメンバーは、もともとアパートでの生活実験を共にした10人が中心だったが、2023年現在は約50名にまで増えている。関わり方はさまざまで、役員・社員・アルバイトスタッフで約15名いるほか、プロジェクトメンバー約15名と、ボランティアメンバー約20名からなる。以下いずれかのチームで活動しており、チームごとにマネージャーがついている。

◆ まちづくり事業部 小杉湯となりチーム（約15人）

　小杉湯となりの企画・運営を担う。主に4つのチームがあり、情報発信や分析を行うPRチーム、利用者の居心地向上を目指すCSチーム、小杉湯や近隣店舗との連携を図る地域連携チーム、現場のオペレーションを担う現場チームからなる。アルバイトスタッフは現場チームに所属しており、掃除や備品・売上の管理、利用者とのコミュニケーションなど、店舗運営全般を行いながら、他のチームと連携して新しい施策を実装する。

◆ まちづくり事業部 拠点づくりチーム（約5人）

　全国で拠点づくりを進める。自主事業としては、小杉湯となり-はなれ・別荘、湯パートやまざきなどの運営に加え、不動産・空き家活用事業を実施。コンサル事業としては、高円寺以外のまちづく

りや浴場施設・公共施設の再生などを担う。

◆ ものづくり事業部（約10人）
・・・

　小杉湯となりと二本柱の事業として、商品開発・EC 事業を行っ
ている。小杉湯となりオープン後に設立され、商品企画・制作管
理・PR・CS チームなどで構成される。

◆ ことづくり事業部（約5人）
・・・

　各事業部のクリエイティブワークや個別の受託事業を担当する。
デザイナー・エンジニア・ライター・カメラマンなどがいる。

◆ コーポレートチーム（約5人）
・・・

　取締役とともに会社全体の総務・経理・労務・人事等を担う。

◆ その他プロジェクトチーム（約10人）
・・・

　上述の事業以外にもさまざまなプロジェクトが生まれることがあ
るので、その都度チームアップしている。

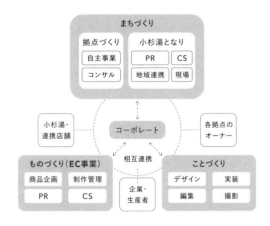

銭湯ぐらしのチーム編成

ミーティングも場づくりの一貫：納得感と肯定感

　銭湯ぐらしでは、各チームが自律的に活動することを尊重しているが、その分メンバー間の情報共有が難しくなるという側面もある。そこで重視しているのが定例会だ。基本的なやり取りはチャットツールで行っているが、各種定例（全体定例、事業定例、チーム定例）を毎週開催している。チーム定例は担当者が議論する場、事業定例はマネージャーを含む意思決定の場、全体定例は全員が参加する情報共有の場だ。全体定例は 2017 年から欠かさず開催しており、毎回 20〜30 人が参加する。司会・議事録は交代制で、雑談タイムなど交流会に近い側面もあり、個人的な報告を褒め合ったり、励まし合ったりする文化も醸成されている。話せない状況のときはラジオのように聞く人もおり、チャット欄が盛り上がるときもある。

　現場スタッフの情報共有はより丁寧に行われている。毎日のシフト終わりに引き継ぎシートを記入しており、連絡事項だけでなくその日の気づきや改善したことなどが書かれている。最近はオンラインミーティングが基本だが、定期的にワークショップ形式で対面のディスカッションも行っている。重要な議題があるときは一人ひとりと話し合い、全員が納得したうえで実行する。ミーティングも場づくりと捉え、それぞれが居心地よく議論できるように意識している。

違いリスペクトと身の丈リーダーシップ

　定例会を設けていても、職種・世代が異なるメンバーが集まると、日々のコミュニケーションのなかで誤解が生まれることもある。そのため、いくつかの行動指針を設けている。例えば「違いリスペクト」だ。互いの違いを認め合ったうえで、伝わりやすく、ポジティブな言葉を選ぶなど、個性が活きるような伝え方を心掛けている。あとは「身の丈リーダシップ」という指針もある。多様な関わり方ができる組織だからこそ、それぞれの立場からリーダーシップが生まれることを目指している。

　そのためには、自分ですべてやるのではなく人に任せることも必要だが、これが意外に難しい。私もつい細かいところまでやってしまうことがあるが、一人でできることには限界があり、変化がなければ次のステージには行けない。役割分担できる人が現れたときに、想定内を期待するのではなく、想定外を楽しむスタンスが大切だ。特に、経営メンバーと現場メンバーでは役割が異なるため、丁寧な目線合わせと信頼関係の構築ができるよう意識している。

　このように、自分に合った関わり方で長く続けられることを推奨してはいても、やはり自分から言い出せないこともある。定期開催している個別面談は、そうした声を聞き、日々の悩みなどを相談できる機会となっている。メンバーが20人になるまでは私が行って

いたが、30人を越えた頃からコミュニケーションを担当するメンバーの協力を得ながら継続している。

参加と対価のグラデーション：多様なライフステージ

　銭湯ぐらしには多様な属性のメンバーがいるため、転職・移住・結婚・介護・療養などさまざまなライフイベントが訪れる。状況に応じて事業に掛けられる時間は変化するため、一人ひとりの役割と報酬は、都度相談して決めている。

　会社経営や事業全体に責任を持ちたい人には、マネージャーを担当してもらい、コーポレート業務など「やってみたい仕事」ではなく「やらなければいけない仕事」を担う人も含めて固定給を設定している。プロジェクト単位で関わりたい人には、プロジェクトメンバーとして関わってもらい、事業への関わり方や利益を鑑みて成果報酬としている。その他、自分のペースで関わるボランティアメンバーも多い。経済的には自立しているが、普段はできないことに挑戦できたり、地域とのつながりを得たり、モチベーションは人それぞれだ。人によってはしばらく参加できなくなることもあるが、ふらっと小杉湯となりに遊びに来たり、定例に顔を出したり、銭湯のようにいつでも帰って来られる環境を保つようにしている。

　また、仕事と生活・交流の境界があいまいな組織なので、気づい

たら無理してしまわないように、休みの取り方も気をつけている。「音信不通DAY」という日を設ける人もおり、その日は連絡を返さなくていい。この取り組みは副次的な効果もあり、「自分がいないとダメだ」と思っていた人が、意外とそうでもないことに気づいたり、「あの人が居ないから自分で判断しよう」と行動する人が現れたり、権限委譲のきっかけにもなっている。

銭湯ぐらしのメンバー：移住・転職で高円寺を一時的に離れた人も全国で活動・連携を続けている。p45の集合写真と比較するとその広がりを感じる

暮らしが充実する非金銭報酬

　参加のあり方は人それぞれだが、メンバーに共通するのは「銭湯のある暮らし」に豊かさを見出していることだ。そこで対価として少し変わった福利厚生のような仕組みを設けている。

○ 小杉湯に入れる：アパート時代から続けていることだが、適宜入浴券を渡している。全員銭湯好きなこともあってか、不思議と入浴料以上の嬉しさがある。
○ 小杉湯となりを使える：会員ファーストだが、空いている時は利用可能にしている。この取り組みは、利用者目線で居続けることにもつながっている。
○ 研修旅行：年に数回、参考事例の視察に足を運んでいる。交流を兼ねており、当然ながら温浴施設が多い。

　いずれも非金的な報酬ではあるが、回りまわってメンバーの暮らしが充実することを目指している。暮らしの拠点（生活基盤）、人とのつながり（社会関係資本）という、物理的・精神的な拠り所があることで、それぞれの「やってみたい」を実現できる状態（自己実現機会）が生まれている。

　多様な関わり方があることで、メンバーとの関係性が完全に途切

れることはほとんどなく、コミットメントのレベルを変えながら関わり続けてくれている。お休み中のメンバーやコミットメントが深い会員などを含めると、関係人口はざっと100人以上だ。私たちが目指すのは、暮らしと仕事が混ざり合う組織だ。場づくりも持ち寄りであれば、組織も持ち寄り型である。

なお、小杉湯となりから広がったのは、人々の活動だけではない。新たな拠点が誕生し、場所のネットワークもまち全体に広がっていった。次の章ではその経緯とまちに対する影響を見ていく。

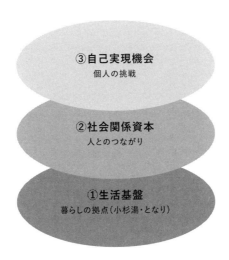

銭湯ぐらしというプラットフォームが提供できる資源

【銭湯ぐらしメンバーの声】

加藤友理 ／ 広告会社のプランナー ／ 小杉湯となり：PR

好きなものの魅力を伝える活動をしたい！と思っていた時に銭湯ぐらしに出会う。
小さい頃、本屋さんになりたかったので、小杉湯となりの本棚や執筆を担当できて
夢が叶った。今では、家でも職場でもない大切な居場所になっている。

青木優莉 ／ ディレクター ／ コーポレート：人事

自信を失っていたスランプの時期に銭湯ぐらしを知る。年齢や職業がバラバラで
も互いスキルを持ち寄り、強みを生かしあう組織に興味を持ち、チームづくりを担
当中。

平井淳也 ／ エンジニア ／ コーポレート：経理

小杉湯の常連。小杉湯となりオープン直前、猫の手も借りたい状態の時に声をかけ
られ参加。投げ銭でカレーを振る舞いはじめて、高円寺に知り合いが増えた。家が
近いので、台所のように使わせてもらっている。

安田明日香 ／ 社会福祉士 ／ 小杉湯となり–地域連携

ウェブサイトで活動を知り、大阪から上京するタイミングで参加。最初は現場スタ
ッフとして働き、転職後はイベントを中心に担当。みんなと事業を進めるなかで、
自分の得意・不得意をより実感できるようになった。

田中優之介 ／ IT企業の企画職 ／ 小杉湯となり–地域連携

銭湯らしい場づくりに興味があり、学生の頃から銭湯ぐらしに関わる。会員さんや
スタッフの人たちとご近所づきあいのような関係性ができて、自分自身が救われ
ている。

勝野楓未 ／ 学生 ／ 拠点づくり–自主事業

小杉湯となりのアルバイト募集で「空き家があるから住まない？」と声をかけられ、
その流れで銭湯つきアパートに引っ越し。毎日銭湯に入り、まちを横断した暮らし
を送っている。現在、新しい拠点を準備中。

伊藤直樹 ／ IT スタートアップのマーケター ／ 取締役

風呂なしアパート時代を経て、代表の加藤と銭湯ぐらしを共同創業。「信頼できる
仲間と事業をやる」という夢と、前職で成し得なかった斜陽産業の改革に奮闘中。
小杉湯のように銭湯ぐらしも 100 年近く続く会社にしたい。

堀優紀 ／ メーカーのプロジェクトマネージャー ／ 取締役

小杉湯となりの計画初期から銭湯ぐらしに参画。事業計画担当で、会社のみんなが
ワクワクできる事業を運営に着地させることがやりがい。クリエイティブな発想
のバックオフィス業務で現場とクリエイターを支えたい。

渡邊あかり ／ 会社員 ／ EC 事業：制作管理

東京生まれ東京育ちで、地元がない感覚があったため、地縁をつくりたいと思い参
加。普段の仕事ではお客さんの顔が見えないこともあるが、銭湯ぐらしでは顔の見
える事業をつくることができ、楽しく取り組めている。

北嶋緒里恵 ／ シンクタンク研究員 ／ EC 事業：商品企画

多様な目的を持ったメンバーが主体的に事業を支えている組織が面白いと思い参加。
銭湯ぐらしでの学びが本業の観光事業に活きることも多い。

水野由貴 ／ ベンチャーキャピタル ／ EC 事業：CS

コロナ禍と出産が重なり、自宅のある高円寺に居場所を持ちたいという思いをき
っかけに参加。新たなまちづくりと、本業を持ちながら参加できる関係性に共感。

矢野夫妻 ／ EC 事業：制作

お風呂屋さんが新しいことするって聞いたので関わることに。最初
は小杉湯となりで働いていたけど、怪我を期に自宅で「お風呂のもと」
の制作を担当している。

運営フェーズのヒント

多様性・主体性を育むマネジメント

　ここでは本章で紹介した運営段階での工夫をまとめる。私たちはこの 3 年間、感染症の拡大に翻弄されながらも「銭湯の居心地」「銭湯のように長く続く場所」を目指して試行錯誤を続けてきた。そのなかで見出したポイントは「多様性・主体性を育む」ことだ。多様な人が関わることで新しい発想が生まれ、主体的に関わる人がいることで自律的な場の運営が可能になる。

　そのベースとして必要なのは「私が居てもいいんだ」と思える寛容な場だ。マネジメントの役割の 1 つが、その寛容さを保つことであり、そこから生まれる「私もやってみたい」という気持ちを応援することにある。個人の思いを行動につなげ、そのために必要な仕組みは臨機応変に取り入れていく。変化を受け入れ、場を育てていく姿勢が、次章で紹介するまちづくりにもつながっていく。

多様性と主体性を育む

居やすさを保つ

コミュニティより先に、場と向き合う

　人は人を選ぶが、場は人を選ばない。場の運営となると、しばしばコミュニティづくりに目が行きがちだが、ここでは「場」に向き合い続けることの意義を考えたい。コミュニティが目的になると、参加者との関係性や運営者の意向で、居心地が左右されることもあるが、「場」が目的であれば参加の幅と風通しを保ちやすい。

　そもそも銭湯という場も、交流を前提としたコミュニティではない。もちろんコミュニティ機能は存在するが、単純に疲れを取りたい人も居る。小杉湯となりの運営も銭湯と同じように、1人でも居やすい場を保つことや、会員以外の人が関わる接点を増やすことで、コミュニティが閉じないようにしてきた。さまざまな人が居やすい場を保つことで、人が集まり、コミュニケーションが生まれ、時としてコミュニティが醸成される。この順番を意識したい。

　なお、すでにコミュニティがある場合でも、場の役割は大きい。「人のつながり」という不確かな存在が空間として可視化され、拠り所があることで、帰属意識を持ちやすくなる。場は、コミュニティを醸成する役割と、定着させる役割を同時に担う。その特性を理解することが、場づくりのポイントだと考えている。

銭湯のワンオペに学び、場の自分ごと化を促す

　利用者の居心地をつくるためには、場を自分ごと化してもらうことが大切だ。利用者が主体的に場に関わることは、運営者の負担が減るだけではなく、利用者自身の満足度にもつながる。

　銭湯がワンオペで成り立っている理由もここにあると考えている。番台1人で数十人を切り盛りする銭湯があるが、よくよく考えるとすごいことだ。それができるのは、利用者が互いに気を配り合うことで場が成り立っているからだ。例えば、小杉湯は混雑している時でも、利用者同士で様子を見ながら、入浴の順番や休憩のタイミングを調節している。相手の行動が自分の居心地に返ってくるので、ちょっとした気遣いが生まれている。小杉湯となりでも、P.127〜134で示した会話以外の接点や、スタッフの応援マインドのように、利用者自身ができることを増やしていった。結果、場の消費者から生産者へのマインドシフトが生まれ、利用者のなかから居心地が良くなったという声が得られた。居場所というのは、与えられるのではなく、自らつくるものなのだ。

場を自走させる ▶

利用者でも運営者でもある「常連」を育む

　運営と利用の線引きが緩やかになると、場は自然に育っていくことがある。

　P.108・120で示した「会員≒常連」「家守」の考え方のように、利用者が良い常連になると、その振る舞いがほかの利用者へと伝わり、場の運営は自走していく。なかには、主客の垣根を越えて運営側の気持ちで考え・行動してくれる人もいる。

　小杉湯はお客さんのマナーが良いと言われることが多いが、スタッフ側が厳しく注意しているわけではなく、利用者が周りの使い方に倣っているだけに過ぎない。いつも使う人のマナーが良ければ、それが全体に伝播する。

　一方で常連というと「面倒なお客さん」というイメージがあるかもしれない。確かに、場の方針が共有されていないと困ったことになりかねない。そこで、良い常連を増やすために、運営者自身も場を使い、常にユーザーの立場でいることが大切だ。小杉湯となりでは、私たち運営側も率先して場を楽しみ、より良い使い方を体現できるよう心掛けている。運営者が利用者の、利用者が運営者の気持ちになれる関係づくりが、互いの居心地のために必要な視点だと考えている。

1 対 1 のコミュニケーションを掛け合わせる

　組織の持続可能な運営のためには、一人ひとりが自分自身の言葉と行動を持てることが大切と考えている。だからこそ、1 対 1 の関係性の積み重ねであるという前提でチームをつくり、コミュニケーションを図ることを意識している。

　銭湯ぐらしという組織の運営では、個人の状況を尊重して継続的に関われる仕組みをつくりながら、互いの強みを掛け合わせた事業を目指している。小杉湯となりの運営においても、会員のさまざまな声に耳を傾けながら運用を改善し、同時に利用者の主体性を促している。属人的になりすぎないように必要な仕組みを整えつつも、個人の思いを形にしていくことで組織の自律性が高まっていく。

　丁寧な意思疎通には時間がかかり、事業規模が大きくなるにつれ難しい面も出てくるが、長く続く組織を育むことができると考えての選択だ。短期的な成長を目指すスタートアップとは真逆の進め方をしているかもしれないが、行動指針を設けたり、チーム編成を練り直したり、日々工夫を凝らしている。

場の価値を保つために変化を常態化する

　長く続く場所には、変わらないものと、変わり続けるものがある。住んだことがあるまちでも、顔を覚えている人がいなくなると自分のまちではない感覚になってしまうが、馴染みの店が1つでもあれば、帰りやすくなる。

　私たちが小杉湯となりで目指すのは、銭湯のように長く続いていく場所だ。小杉湯は創業当時から変わらない門構えで、人々を迎え入れてきた。それでいて、時代のニーズに合わせレイアウトやサービスを変え続けることで、若者からお年寄りにまで愛されている。小杉湯となりも同様に、コンセプトを守りながら飲食店からシェアスペースへ、会員限定から一部開放へと、運用を変え続けている。

　手段を変えても目的を変えなければ、場の価値は保たれていくはずだ。逆に変わらないことに固執しすぎると、場の柔軟性が失われることもあるだろう。小さな変化が常態化すれば、それが日常になる。変化を恐れず、トライアンドエラーを繰り返していくことが、長く続く場づくりの秘訣かもしれない。

5 章

銭湯を起点にした
エリアリノベーション

まち全体を家と見立てる

5-1

銭湯×空き家活用
暮らしの拠点をつなぎ合わせる

半径500m圏内を家と捉える

　本章では、小杉湯となりから広がった場と人のつながりに着目し、新たな拠点が展開していくプロセスを紹介する。

　小杉湯となりオープンから1年後の2021年、徒歩圏内に小杉湯となりのサテライトスペース「小杉湯となり‐はなれ」が誕生した。また翌年2022年には、銭湯つきアパート第2号として「湯パートやまざき」が誕生するなど、少しずつ暮らしの拠点が増えている。小杉湯がまちの浴室であるならば、小杉湯となりは台所・書斎、小杉湯となり‐はなれは自習室、湯パートやまざきは寝室のように使われている。これらの拠点はちょうど半径500mに収まっており、このエリア全体を大きな家と見立てることもできる。自宅ですべての生活機能を所有するのではなく、まちで共有することで豊かな生活環境や地域とのつながりが生まれている状態だ。

　これは、銭湯つきアパートで実感した、まちで暮らしをシェアする豊かさそのものであり、それが形になってきている。まちに拠点

が増えると、小杉湯となりの会費は、まち全体に家賃を払う感覚に近づいてくる。例えば、今より家賃が安いアパートに住んでも会員になれば、同じ家賃の住宅以上に大きな浴室・台所・書斎を使うことができる。実は私自身が、銭湯つきアパート解体後も未だにこの暮らしを実践している。

半径500m圏

まちの台所/書斎
小杉湯となり

徒歩5分

まちの自習室
小杉湯となり
はなれ

徒歩5分

まちの寝室
銭湯つきアパート

まちのお風呂
小杉湯

徒歩5分

高円寺駅

まち全体を家と見立てる

「小杉湯となり-はなれ」
古民家を活用したサテライトスペース

　第二の拠点「小杉湯となり-はなれ」は小杉湯となりの会員が使えるサテライトスペースだ。小杉湯から徒歩5分の場所にある、1932年に建てられた古民家を活用している。活用のきっかけは、物件のオーナーが私たちのビジョンに共感し、連携したいと連絡をくれたことだった。栄養学の先生を引退された方で、週末は自身でカフェを運営する予定だったが、それ以外は使わないので活用してほしいという相談だった。

　そこで平日の間だけ施設利用料をお支払いして、小杉湯となりの会員が利用できるようにした。住宅街にひっそり佇む隠れ家的な環境だったので、定員5名のまちの「自習室」と位置づけた。

古民家オーナーの週末カフェ

　会員は小杉湯となりのカウンターで鍵を受け取り、自分で開錠して利用する。基本的には無人運営だが、スタッフが定期的に見回りを行うほか、オーナーがお茶菓子を持ってきてくれることもある。利用者は、小杉湯となりの混雑時に作業環境を変えたい時や、喧騒から離れてお茶を楽しみたい時などに使っている。週末には会員がオーナー主宰のカフェを利用したり、銭湯ぐらしとオーナーで共同イベントを開催したりと、相互利用も生まれている。建物の改修においては、株式会社銭湯ぐらしとしてデザイン監修にも携わった。古民家ならではの意匠（竹小舞など）を残したリノベーションを行い、趣のある古さはそのままに、漆喰の壁と漆塗りの床、オーナーこだわりの北欧家具が調和した空間になっている（2023年3月現在、レジデンス・ゲストハウスとしての転用も検討中）。

　次は、第三の拠点「湯パートやまざき」だが、先に誕生のきっかけになった「空き家活用勉強会」を紹介する。小杉湯の隣にあった風呂なしアパートが解体された後、次なる拠点を探すべく、まち歩きや不動産屋巡りをしながらを空き家を探したが、なかなか良い物件に出会うことができなかった。しかし、小杉湯となりの会員に不動産の専門家が入会し、拠点づくりチームを発足したことで、取り組みを再始動。「空き家に悩んでいる人と活用したい人が集まる場をつくれば、活用が促されるのではないか？」というアイデアが生まれ、始めてみたのが「空き家活用勉強会」だった。

「小杉湯となり－はなれ」のリビング

半個室になっている奥座敷

本を読みながらくつろげる広縁

オーナーこだわりの食器

「空き家活用勉強会」
空き物件を事業に変える、実践的な学びの場

　空き家活用勉強会の目的は、空き家を事業に結びつけることだ。私たちの役割は、活用のノウハウを伝えるとともに、実際に活用するまでのプロセスをサポートすること。コンセプト立案・事業計画から、入居者募集・運営支援（株式会社まめくらしと協働）まで行っている。1回目の勉強会では、開催情報を町内の掲示板やチラシで発信し、10名程の大家さんが参加してくれた。数ある悩みで特に多かったのが「建物が古いので活用は難しいと感じている」「活用したいが1人だと重い腰が上がらない」というものだった。しかし、悩みを相談しているうちに参加者同士で盛り上がり、次回は互いの物件を見学して活用アイデアを出し合うことになった。そこで見学した物件の1つが「湯パートやまざき」だ。

　長らく空室だった風呂なしアパートなので、大家さんも不安な様子だったが、見学してみるとレトロな内装が魅力的で、参加者からもポジティブな感想が聞こえてきた。その様子を見た大家さんも前向きになることができ、活用を進めることになった。

　なお、この勉強会は、地域資源を活用した空き家対策の一貫として、各種メディア（NHKおはよう日本・テレビ東京ワールドビジネスサテライト、日本経済新聞など）で特集されたほか、国のモデ

ル事業（国交省 住宅市場を活用した空き家対策モデル事業）に採択された。空き家は放置したままだと、防災・景観面などに悪影響を及ぼすが、再生が進めばエリアの価値向上につながる。3回目の勉強会からは杉並区の協力も受けられることになり、今後もさまざまな機関と連携して空き家活用に取り組んでいく予定だ。

またこの取り組み以後、高円寺に引っ越したいという相談が増えており、物件を紹介する活動も始めている。その土地に住んでいる私たちがまちを案内し、顔見知りがいる状態で引っ越しできることは安心感があるようだ。湯パートやまざきのように、大家さんの顔が見える物件は特に評判が良い。

空き家活用勉強会のチラシ

勉強会・見学会の様子

「湯パートやまざき」
お金を掛けずに満室になった、風呂なしアパート

　さて、空き家活用勉強会から誕生した拠点「湯パートやまざき」についてもう少し詳しく紹介したい。この事業は小杉湯から徒歩5分の空きアパートを活用し、銭湯つきアパートの第2号として運営しはじめた。名前は、銭湯との連携を表現しつつ、大家さんの苗字を組み合わせている。

　物件は木造2階建て4部屋からなる、一般的な風呂なしアパート。十分な改修費がなかったので、入浴券1カ月分を入れた家賃設定にして「銭湯つきアパート」であることを謳ったり、1階の一部屋を自由にDIY可能なシェアスペースにしたりと、お金を掛けずに付加価値をつけていった。また、入居後の暮らしをイメージしやすいように、スケッチを使った募集記事を作成。家賃は従前の3万円から6万円程度まで値上げして、大家さんはもちろん、私たちにも利益が出るように事業計画を組み、レベニューシェア型の契約（発注側と受注側で利益を分配する契約形態）を結び事業をスタートした。そして、銭湯の掲示板やSNSで募集を行ったところ、なんと3日間で全国から50人の応募があった。一般的に空き物件を再生する時は、修繕や広告にお金を掛けるが、ネーミングとイメージスケッチだけで満室になったのだ。私たちの周りに銭湯好き

が多かったことに加え、小杉湯となりが発信している価値観に共感する人が集まることにも魅力を感じてくれたようだ。オーナーの安心感を醸成するため入居者は面談で選び、入居前の顔合わせで事前調整や関係性づくりも行った。空室に頭を抱えていた大家さんは驚きを隠せない様子だったが、勉強会から半年後には運用を開始することができた。

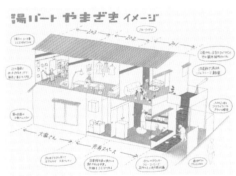

募集記事に載せた活用イメージ（上）とSNSでの反響（右下）

「湯パートやまざき」の外観

共用部屋での活動の様子

165

入居後は、シェアスペースで住人同士が家具をつくったり、大家さんが金継ぎを教えたりと、ほどよい交流が生まれている。銭湯にとっても固定客が増えることにつながり、多方面に良い影響をおよぼしている。

　銭湯つきアパートの手法は、さまざまな物件に応用可能だ。銭湯ユーザーにとっては「銭湯つき」が魅力になるため、新築の場合でも、浴室をシャワーだけにすれば水回りの初期投資を抑えながら、一般的な賃貸物件との差別化を図ることもできるだろう。最近では「部屋は寝るだけなのでコンパクトで良い」「銭湯を使うので浴槽は必要ない」という人もいるので、そんなニーズにも答えている。かつて銭湯と風呂なしアパートは戦後復興を支える生活基盤として機能してきたが、現代においても新しいライフスタイルを提示している。

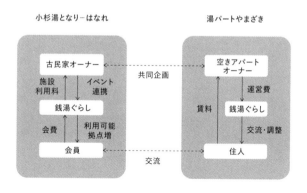

「小杉湯となり-はなれ」と「湯パートやまざき」2つの事業と関係性

「エリアリノベーション」
人・場所・出来事の地域資源ネットワーク

　以上の取り組みを、一歩引いたまちづくりの視点から見ると、「銭湯を起点にしたエリアリノベーション」と位置づけることができる。「エリアリノベーション」とは、建物単体の再生を意味するリノベーションを同じエリアで複数展開する手法だ。点の変化をつないで面に展開することで、地域全体の価値を高めていく。今回の取り組みで特徴的なのは、建物の再生だけではなく、人や出来事をネットワークしていることにある。

　「小杉湯となり–はなれ」「湯パート–やまざき」はいずれも、私たちとの出会いがなければ空き家のままだったという。建物は立派でも、立地の問題や運営する人が見つからないことで活用できていない物件は数多くある。しかし単体では活用が難しい場合でも、今回のようにほかの拠点と連携すれば、利用者・運営者・イベントなどを共有することができる。人口減少社会において人的資源は限られているので、それらをネットワークする視点が大切だ。小杉湯となりも運営開始から3年が経ち、連携する店舗も増えてきた。会員が使える割引券の対象店、イベントを共催する店、商品を共同開発する店など、その数は十数件以上におよぶ。

　徒歩圏内に連携先が増えることは、利用者にとってコミュニケー

ションの接点が増えることでもある。ある会員は、近くの弁当屋で「小杉湯となりの人ね!」と顔を覚えてもらったと嬉しそうに話してくれた。私たちが銭湯つきアパートで体験した暮らしの豊かさは、少しずつまちへと広がっている。

まちへのインパクト：暮らしを地域に開く人が増える

　まちに拠点が増えると、まちに暮らしを開く人が増える。小杉湯となりの会員にアンケート調査を行ったところ、ほとんどの人がコロナ前は仕事と会社の往復で、コロナ後は家に籠りがちな生活が続いていたようだ。しかし会員になってからは、小杉湯となりや周辺のお店で過ごすことが多くなっており、少なくとも会員とスタッフを合わせて100人以上がまちに開いた生活を送っていることになる。さらに、週末の飲食営業の利用者やイベントへの来訪者を含めると、このエリアで銭湯のある暮らしを体験する人が数百人規模で増えたことになる。これはつまり、拠点の数だけ事業が増え、私たちも物件のオーナーも、小さいながら新しい経済をつくっているということになる。自然な賑わいは、一過性のイベントからは生まれない。その土地に暮らす人がそのまちを歩き、地域のお店を利用し、まちの資源を自らネットワークすることで表出するものだ。この手法は、新しい住まい方であり、持続可能なまちづくりのヒント

でもあると考えている。

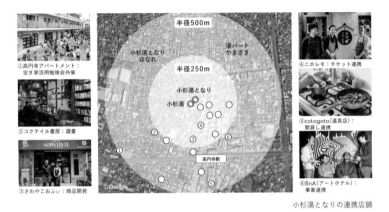

①高円寺アパートメント：
空き家活用勉強会共催

②コクテイル書房：選書

③さわやこおふぃ：商品開発

④ニホレモ：チケット連携

⑤cotogoto（道具店）：
間貸し連携

⑥BnA（アートホテル）：
事業連携

小杉湯となりの連携店舗

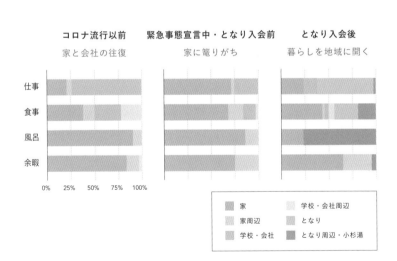

小杉湯となり会員の活動場所の変化（調査期間：2022年9~11月 ／ 対象：会員30名）

5-2

全国への展開

「小杉湯となり‐別荘」
元会員がつくったゲストハウス

　現在私たちが取り組んでいる銭湯を起点にしたまちづくりは、高円寺から全国へも広がっている。私たち自身が運営に関わる場合もあれば、他の事業者をサポートする場合も増えてきた。

　最初の展開は、自社で運営することになった、長野県のゲストハウス「小杉湯となり‐別荘」だ。この拠点は、小杉湯となりの元会員が自主的にはじめた事業だ。彼は小杉湯となりに入会中、松本市に移住することになったが、移住先でも「銭湯のある暮らしを広げたい」という思いで、「菊の湯」という銭湯の近くにある一軒家を借りて、自宅兼ゲストハウスをオープンした。そのうえで銭湯ぐらしのメンバーとして、小杉湯となりと連携することになったのだ。会員は1泊無料になるほか、テントサウナ・シェアカーも借りることができる。サービスが良すぎるように思えるが大抵の宿泊者は2泊以上してくれるそうで、東京からの誘客につながっていると言う。

「小杉湯となり−大阪サテライト」
転勤メンバーが始めた連携

　次の拠点は、関西の銭湯と連携した「小杉湯となり - 大阪サテライト」だ。小杉湯となりの会員は、大阪市にある「ユートピア白玉温泉」で2022年に新設されたコーワーキングスペースを無料で使うことができる。この連携は、銭湯ぐらしのメンバーが大阪に転居したことがきっかけだ。彼女は、会員が出張や観光で大阪を訪れた際に、この地の「銭湯のある暮らし」を体験してほしいとの思いで、白玉温泉へ連携を提案した。これで小杉湯となりの会員は、5つの拠点を利用できるようになった。平日は都心で働いて週末は異文化圏や自然いっぱいの地方で過ごす、そんなライフスタイルが実現できる。

左：小杉湯となり-別荘 ／ 右上：菊の湯 ／ 中・右下：ユートピア白玉温泉

「堀田湯」のリニューアル支援

　続いて、ほかの事業者の支援を行った案件だ。東京都では足立区西新井にある銭湯「堀田湯」と地域をつなぐプロジェクトを行った。堀田湯は、2022年に「西新井をあたためる」というコンセプトを掲げてリニューアルされた銭湯だが、三代目に就任した堀田和宣氏が私たちの取り組みに共感してくれて、立ち上げ支援を行うことになった。まずはワークショップを開催して、周辺で活動する方々との意見交換やまち歩きを行った。そこで発見した地域の魅力を発信するために、ウェブサイトのデザイン、採用記事の作成、オープン後の運営支援、銭湯広告のデザインなど、さまざまな取り組みで協働。このプロセスを通して、西新井でも「まち全体を家」と見立てたときの可能性を見出すことができた。今後は拠点を増やすことも視野に入れ、計画を進めている。

「堀田湯」のウェブサイト

銭湯広告のデザイン

ワークショップの様子

「旧井波庁舎」再生プロジェクトの企画・設計

　次は、新しい銭湯の計画だ。経緯としては、富山県南砺市にある「旧井波庁舎」という元役場の建物が、市町村合併によって使われなくなり、銭湯として活用できないか検討することになった。銭湯ぐらしは、その業務に共同事業体として参画し、調査・企画・設計を行った。近年、人口減少や建物の老朽化により、多くの公共施設が使い方を見直しているが、そのプログラムの候補に銭湯が上がるようになったのだ。今回の企画では、地域のニーズやポテンシャルを調査したうえで、ジムやサテライトオフィスを併設した施設を提案した。また、小杉湯となりの経験を踏まえ、オープン前に実証実験を行ったり、施設全体を使える会員プランを取り入れたり、地域の人の日常利用を促す計画とした。この計画は実現に至っていないが、同様のプロジェクトがほかの地域でも進んでいる。

某地域での銭湯連携施設のイメージ

旧井波庁舎再生イメージ

「小杉湯原宿」の立ち上げ支援：
その他公衆浴場としての銭湯

　最後は、小杉湯2号店。2024年春にオープンする東急プラザ原宿「ハラカド」の地下1階に「（仮称）小杉湯 原宿」を出店予定だ。これだけで本が書けそうだが現在絶賛準備中ということで、予告編に留めたい。このプロジェクトで、銭湯ぐらしは基本計画を担当した。クライアントである東急不動産から相談を受け、建築面・事業面から出店の可能性調査と、小杉湯としてのコンセプト・エリアビジョンの策定を行った。現在は小杉湯の担当者へ主要業務を引き継いでいるが、今後もまちづくり担当として、高円寺で行ってきた「半径500m」の暮らしづくりを展開できればと考えている。

　今回の計画プロセスで特筆すべきは、当初「一般公衆浴場」として出店したかったが、テナントの立地条件から条例の規定を満たすことができず「その他公衆浴場」として出店することになった点だ（2023年3月時点）。両者の違いは公衆浴場法で分類されている。前者はいわゆる銭湯のことで「地域住民の日常生活において保健衛生上必要なもの」と位置づけられ、後者はそれ以外のスーパー銭湯などが該当する。ちなみに、一般公衆浴場は都道府県ごとに入浴料の上限が決まっている代わりに、水道料の減免や助成金があるなどの違いがある。

　では、「その他公衆浴場」になった瞬間に「銭湯」ではないのか？ここで、私にとっての銭湯を考えてみた。1つは、地域の歴史と営みを感じられることだ。それは「人」と「場」いずれでも良い。もちろん昔ながらの建物に銭湯らしさを感じることは多い。しかし、とあるリニューアル後の銭湯に行った際、昔から通っている常連さんにその銭湯のルールを教わったことがある。その時、「ここは銭湯だ」と感じることができた。

　もう1つは規模感だ。小さい頃から通っていた地元のスーパー銭湯はそんなに大きくないので、顔馴染みの人がいればすぐにわかり、挨拶を交わす。昔からの顔の見える関係性があるこの場所も、私にとっては紛れもなく銭湯だ。この件についてはさまざまな意見があると思うし、そもそも小杉湯三代目も「一般公衆浴場を残したい」という思いで原宿に挑戦した。結果的に叶わなかったが、それでも「銭湯」として出店する小杉湯を応援したいし、この葛藤が社会資本としての銭湯を残すヒントになるのではないかと考えている。

基本計画時のイメージ

設計時の内観パース

オープン3年後の課題とこれから

　2020年3月のオープンから約3年、小杉湯の約90年と比べるとまだまだではあるが、多くの変化を経験してきた。コロナ禍では、運営を続けられるか、閉じた場所にならないか不安だったが、会員制が事業の基盤になり、関わる人が少しずつ増えることで、まちに開かれた場所になりつつある。

　最近の新しい動きとしては、小杉湯となりの近くに新しいレジデンスとゲストハウスを準備中だ。また、企業からの相談が増えており、収益の一端を担うようになってきた。これまで実施した取り組みとしては、小杉湯となりを従業員の福利厚生として使えるようにした会員制度、大学の活動・研究拠点としての利用、小杉湯と連動した継続的なイベントの実施などさまざまだ。今後も、医療・福祉・教育・交通など多様な分野と連携を模索している。そして、小杉湯となりの会員が使えるのは1つの場所ではなく、まち全体の仕組みであり、暮らしそのものが充実するサービスにしていければと考えている。公共サービスを保管するような暮らしのサブスクというようなイメージに近いかもしれない。

　他方で、運営上の課題は尽きない。実際、会員数60〜70人を維持することは簡単ではない。会員を続けたいと思ってくれていても、引っ越しや転職など、やむをえない理由で退会する人は一定数

いるし、今後もニーズが続くとは限らない。一方で、仮に飲食事業だけで利益目標を達成しようとすれば、今と同じ居心地を保つことは難しいだろう。平日は会員制、週末はだれでも利用できる状態を続けるのが2023年3月の暫定解だが、この場所を使ってくれる人々と対話しながら、時代のニーズに応じて変化し続けていきたいと考えている。

　同時に、私たち自身がチャレンジすることも忘れずにいようと思う。今後の展開としては、銭湯つき○○を増やしていくつもりだ。個人的には家族の介護を経験して、銭湯つき高齢者福祉施設に関心を持っている。また、地元の銭湯が廃業してしまったので、地方都市における銭湯の再生手法についても検討していく予定だ。銭湯ぐらしという組織が、事業者であり暮らしの実践者であることを活かして「自分たちが欲しい暮らしを実現する」ことを大事にしていきたい。私たちの活動は、風呂なしアパートでの実験生活からはじまったが、この実験は現在進行系である。

展開フェーズのヒント

点をつないで面にする

　ここでは、場づくりをまちづくりとして面に展開する工夫を整理する。私たちが取り組んできたのは、小さな拠点をネットワークしていくまちづくりであり、「点をつないで面にする」考え方だ。各拠点が物理的に離れている分、運営の仕組みやイベントでの連携、空間の統一感やネーミング、情報発信の工夫などで、つながりを生み出してきた。既存の都市に、新しいレイヤー（認識の層）を重ね合わせるイメージだ。

　この手法は、大規模な開発と比べて変化はゆっくりで、その様子も目に見えづらいが、地域の資源を活かしながら、適切な規模感・スピード感で、まちの魅力を高めることができる。また、一つひとつの点は小さな事業であるため、個人が関わるきっかけとなり、当事者意識を持ってまちに関わる人を巻き込むことにつながる。持続可能なまちづくりは、顔の見える関係の連続から生まれるのだ。

点から面へ広げていく

範囲を決める ▶

身近な生活圏を豊かにする

事業をまちに広げるときは、その範囲を決めることになる。一般的な商圏分析に加え、事業の内容や届けたい人、その土地の密度や移動手段などを鑑み、目的にあった設定が必要だ。それは広ければいいわけではないし、事業を行いながらわかってくることもある。

例えば、小杉湯・小杉湯となりは、遠方から人が来ているように思われるが、利用者の6割が電車を使わずに通える距離に住んでいる。銭湯ぐらしのまちづくりにおいても、活動を続けるなかで、起点となる場所から徒歩5〜10分程度が生活圏と認識できる距離だとわかってきた。そこで対象範囲を「半径500m」に設定し、新しい拠点の開発や連携、情報発信を行っている。

半径500mという範囲は狭いと感じるかもしれないが、生活に根ざしたローカルビジネスなりの小さな経済が成り立っており、地域の暮らしに寄与できている実感がある。また、外から来た人が地域の魅力を判断する時にも、徒歩圏内に拠点が集約されていることが価値になる。身近な暮らしを豊かにする視点が、本書に共通するまちづくりのポイントだ。

トライアル期間とテナント先付け

　拠点を増やしていくときに、事前に考えておきたいのが、契約方法だ。買う・借りるが一般的だが、小さく始める方法はそれだけではない。例えば、小杉湯となり−はなれでは、賃貸借契約ではなく平日限定の施設利用契約にしており、湯パートやまざきでは、オーナーとのレベニューシェア型の契約から始め、事業が軌道に乗ったら一棟借りに切り替えるという、トライアル期間を設けた契約形態をとった。また、場所を整備する前に、運営者・入居者を決めることを「テナント先付け」と言うが、そこを押さえるのもポイントだ。小杉湯となりは自主事業なので、当然ながら運営者が決まっている状態で計画を進めたし、湯パートやまざきも入居者を決めてから運用をスタートした。どちらも、オーナーと二人三脚で小さく事業を育ててきたが、互いのリスクヘッジも心掛けている。

　これらは、個人で行う小さなまちづくりに有効な考え方だが、行政や企業が長期的・広域的な計画をつくる際にも有効だ。漸進的なプロセスのなかに、個人が参加し続けられる仕組みや軌道修正できる余地を残しておくことで、関わる人の幅が広がり、実体を伴った計画になっていく。

全員に届けようとせず、強い共感を集める

新しい取り組みを発信するとき、最初から多くの人に届ける必要はない。広く薄く伝えるより、強く共感してくれる人を少しずつ増やしていく方が、結果的に伝わる価値の総量は多いと考えている。

「銭湯のある暮らし」への共感も、アパートの住人から新しい拠点の利用者・関係者へと広がっていった。数はまだ少ないかもしれないが、この延長にさらなる出会いがあるという手ごたえを感じる。

また、既存のコミュニティの方々に一度に理解してもらおうとする必要もない。銭湯ぐらしでプロジェクトを始めた頃に心配だったのは、新しい取り組みが銭湯の常連さんを嫌な気持ちにさせないかということだ。しかし、これは良い意味で杞憂だった。その人にはその人の銭湯があり、それが守られている限りトラブルにはならなかった。逆に、少しずつ取り組みを知ってもらうことで、関わりたいと思ってくれる人と然るべきフェーズで出会うことができた。その地域のルールや話を通す順番などには配慮したうえで、伝えるべき人に伝えるべきタイミングで情報を届けるという姿勢が大切だ。

場所同士のつながりを印象づける

　拠点を広げる際に重要な役割を果たすのが、ネーミングだ。仮に拠点が離れていたとしても、関係性を連想できる名前にすれば、認識上のつながりを生み出すことができる。

　「小杉湯となり」という名前は、場所のわかりやすさを伝えながら、まちに点が増えていく様子を表現した。その後の「小杉湯となり–はなれ」「小杉湯となり–別荘」も、そのネットワークの広がりをイメージできるようにしている。また、私が名前をつけるときに意識しているのは「わかりやすさ」と「意外性」だ。ありそうでなかった組み合わせにより、新しい価値づけを行っている。「銭湯つきアパート」はマイナスな印象をプラスに転換するためのリブランディングを意識した。

　「銭湯つき○○」も「○○となり」も他の拠点に応用できる考え方だ。例えば、「銭湯つきライブラリー」「銭湯つきクリニック」、「公園となり」「映画館となり」など、そんな場所が増えるとまちはもっと楽しくなるのではないだろうか。

Column

全国の「銭湯から広がるまちづくり」

　全国には、私たちと違ったアプローチで銭湯から広げるまちづくりを実践している方がたくさんいる。まちへの波及効果を意識した建築家の取り組みや、結果的にまちづくりになっている銭湯経営者の事業と、挙げはじめるとキリがないのだが、今回は関わりのある方を中心に紹介してみたい。

....

ゆとなみ社　湊三次郎さん

　銭湯活動家の湊三次郎さんは、「銭湯を日本から消さない」という信念のもと、全国で5軒の銭湯を継業している（「サウナの梅湯」「源湯」「容輝湯」「みやの湯」「人蔘湯」）。24歳の時に、学生時代のバイト先だったサウナの梅湯が廃業することを知り、未経験ながら1人で継業。最初の数年は苦難の連続だったと語るが、試行錯誤を経て人気銭湯として再生を遂げている。そんな湊さんの姿に協力者が集まり、現在は「ゆとなみ社」の代表として多くの仲間とともに継業を広げている。彼自身「まちづくり」を行っているつもりではないと思うが、サウナの梅湯の周辺は、まちの雰囲気が明るくなるという。彼のような人がまちをつくっている。

大黒湯・黄金湯・さくら湯　新保卓也さん・朋子さん夫妻

　新保卓也さん・朋子さん夫妻は東京都墨田区で3店舗の銭湯を経営している。2012年に卓也さんが三代目となった「大黒湯」以降、2019年に「黄金湯」、2021年に「さくら湯」を継業。実はこの3店舗、徒歩5分程で行き来できる。近隣で銭湯を経営していた信頼関係があって、廃業前の2軒を引き継ぐことになったが、結果的に周辺エリアの価値を高めている。まさに実践的なまちづくりだ。

　2020年にリニューアルした黄金湯は、3軒のなかでも注目を集める。コンクリートを基調にしたデザイン、番台のDJブースとビアバー、上質なサウナや宿泊スペースなど、現代のニーズを反映している。「銭湯文化を次世代に残したい」という卓也さんの思いと、発想力のある朋子さんの二人三脚だから成せた技だ。

仏生山温泉　岡昇平さん

　建築家の岡昇平さんは、香川県で「仏生山温泉」という公衆浴場を経営している。典型的な郊外である仏生山地区で生まれ育ち、東京の設計事務所で働いた後、地元で設計事務所を開こうと準備していた時に、嘘のような話だが父親が温泉を掘り当て、2005年に仏生山温泉を開業。2012年にはまち全体を旅館に見立てる「仏生山まちぐるみ

旅館」というコンセプトで、敷地の裏にあった空き家を宿泊施設として再生した。それ以降、周辺に新しいお店が自然に増えていったという。岡さんは控えめに「たまたまです」と言うが、2つの拠点がまちを変えたことは間違いないだろう。着想は違えども、銭湯ぐらしの取り組み（まち全体を家と見立てる）の大先輩だ。

　まちを1つの宿と見立てる取り組みは国内外に広がっており、日本では岡さんも参画する「日本まちやど協会」の活動が注目されている。東京の谷中で最小文化複合施設「HAGISO」などを経営する宮崎晃吉さんや、富山の井波地区で職人に弟子入りできる宿「Bed and Craft」を展開する山川智嗣さんなど、魅力的な事例が多い。

サウナの梅湯

黄金湯

仏生山温泉

全国のまちやど

稲荷湯修復再生プロジェクト　栗生はるかさんら

　建築家の栗生はるかさんは、「一般社団法人せんとうとまち」の代表として、仲間たちと銭湯文化の発信や経営者支援を行っている。注目したいのが東京都北区の「稲荷湯修復再生プロジェクト」だ。建物の修復に悩んでいたオーナーから相談を受け、歴史的建造物の保全に取り組む「ワールド・モニュメント財団」に申請。文化遺産リストに選定され、助成金を活用して銭湯を修繕・耐震化したほか、隣接する二軒長屋をコミュニティスペースとして改修した。改修プロセスも丹念にデザインされ、建物の保存だけではなく、職人技術の継承や、学生・地域住民を巻き込んだ場の運営などに熱心に取り組んでいる。人と場をつなぎながら、まちをつくっている活動だ。

嬉野温泉-暮らし観光　北川健太さん

　最後は、銭湯ではなく温泉宿経営者の取り組みだ。佐賀県・嬉野温泉の老舗旅館「大村屋」の15代目である北川健太さんは、「暮らし観光」という取り組みを行っている。暮らし観光とは、その土地の人や暮らしを主役にした観光の提案だ。私が北川さんにまちを案内してもらったときは、お店に入るなり商品ではなくまず店主を紹介してくれた。洋服屋さんでは、店主のお子さんがつくったオリジナルTシャツ

の誕生秘話を聞き、つい買ってしまった。そして、しばらく経ってまた店主に会いたくなり、再訪したことがある。北川さんいわく、この取り組みを始めてから、地元の人も自分たちの暮らしの素晴らしさを再確認したという。湯を中心にした暮らしづくりが、まちづくりに広がっている好例だ。

　このように、私たちのような活動ができるのも、銭湯・温浴施設が守られているからである。紹介した事例以外にも、全国で工夫を凝らして銭湯を再生する「ニコニコ温泉」さん、東京の西尾久で不動産事業者と連携して地域の活性化を目指す「梅の湯」さん、品川の健康増進型銭湯として介護事業も展開する「新生湯」さん、熊本で自宅を公衆浴場として地域に開く「神水公衆浴場」さんなど、全国各地で銭湯を起点に、まちに寄与する活動が広がっている。私たちが活動する高円寺だけではなく、銭湯から広がるまちづくりを体感しに、ぜひ足を運んでいただければ幸いだ。

稲荷湯

嬉野温泉：暮らし観光

1933年

小杉湯と風呂なしアパートが建てられる

小杉湯

風呂なし
アパート

2017年

アパートでの生活実験に多様な入居者が集まる

銭湯つき
アパート

小杉湯

2020年

アパート跡地に小杉湯となりがオープンし、
新しいメンバーが集まる

小杉湯となり

小杉湯

2023年

小杉湯となりに集まった人が新しい拠点をつくり、
人と場のネットワークが広がっていく

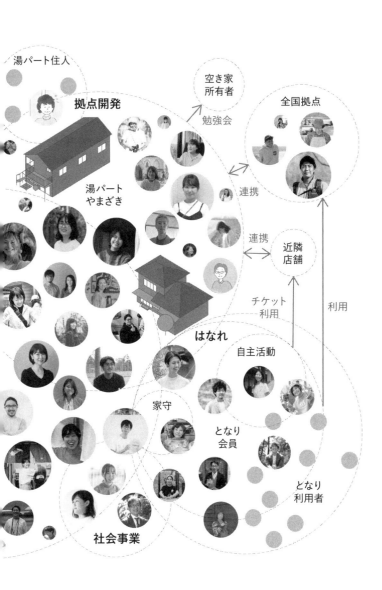

湯パート住人

拠点開発

湯パート
やまざき

空き家
所有者

勉強会

全国拠点

連携

連携

近隣
店舗

チケット
利用

利用

はなれ

自主活動

家守

となり
会員

となり
利用者

社会事業

6章

銭湯に学ぶ、実践的計画

6-1

当事者としての実践的計画
プロジェクト全体に関わることで実現できる風景

実践的計画とは：企画・設計・運営を統合する

　最後の章では、これまで銭湯ぐらしが手掛けてきた一連の取り組みを整理して、新しいまちづくりのあり方を考察する。私たちは、まちづくりを自分の暮らしの延長で考え、プロジェクト全体に関わることで場を育ててきた。思い描く風景を実現するためには、計画者としてだけではなく、当事者意識を持つ実践者として関わることが重要だと考えてきたからだ。そうすることで、空間や事業の解像度を高めることができる。2章で示したように、実験フェーズでは対象になる土地で実際に暮らしながら構想を見出した。3章の計画フェーズでは、その実体験を基に建築と事業をつくり上げる過程を振り返った。また、建築（場）のデザインだけではなく組織（人）とプロセス（時間）のマネジメントも不可欠だ。4章の運営フェーズでは、現場に関わり続けることで、コンセプトを守りながら社会状況の変化に対応する試行錯誤を辿った。そして5章のエリアへの展開フェーズにおいては、これまでに出会った人との関係性や地

域の資源をつなぎ合わせ、まちづくりに展開する視点を紹介した。一般的な建築のプロジェクトでは、企画・設計・工事・運営という工程は分業化され、別々の専門家が担うことが多い。しかしそれらを統合することで、実現できる風景がある。

このように、プロジェクト全体に当事者として関わり計画と実践を行き来する手法を、本章で「実践的計画」と位置づけていく。まず本節では、私が銭湯ぐらしの取り組みを始める前、この考え方に至った2つの出来事について説明しておきたい。1つ目は、東日本大震災の経験だ。私は大学で建築、大学院では都市について学んだうえで「都市のビジョンを建築として具現化する仕組みを研究したい」と思い、東北大学大学院の博士課程で建築計画（計画実装）を研究することにした。その矢先に震災があり、被災自治体に出向して復興事業を支援ながら研究に携わることになった。持続可能なまちづくりにつながる実践的計画、新しい空間・組織への関心の原点はここにある。

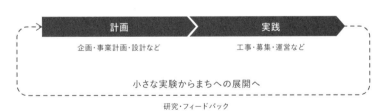

実践的計画のプロセス

背景：震災で感じた分断を編み直す

　復興計画の研究で明らかになったのは、行政の組織体制のつくり方によって計画のプロセス（住民の合意形成・会議の意思決定）は変化し、結果的に計画の内容（住宅再建の方針・計画の工夫）にも影響を与えることだった。また、復興事業を通して、ハードとソフトを一体的に考える大切さも学ぶことになった。物理的な復興だけではなく、地域の声に耳を傾け、環境に目を凝らし、人々の生業や将来の産業などを複合的に考えることが求められた。

　1987年生まれの私の世代は、2011年の東日本大震災以外にも、1995年に阪神淡路大震災を見てきた。歴史を重ねてきた街が消え去り、あって当たり前だった生活基盤が揺らぐ瞬間や、ハード整備だけが優先され、人々の暮らしとは別の理論で都市がつくられていく様子を見てきた。まるで都市と時間、建築と人が分断されていく場面に直面しているような感覚だった。

　建築・まちづくりに関わる同世代には、これらを編み直したいという意識があるのかもしれない。私自身、建築が成り立つ前提条件から考える必要性を感じるようになっていった。

　2つ目の経験は、書籍『CREATIVE LOCAL：エリアリノベーション海外編』（学芸出版社、2017年）の執筆に際して、世界の都市再生事例を巡ったことだ。その調査で気づいたのも、復興計画の

研究結果と同様に、プロジェクトを動かす組織やプロセスの特徴が、そのまま空間に現れるということだった。まちの風景をつくっているのは、建築だけではなく、そこに関わる人と時間だということを改めて感じた。さらに印象的だったのは、どのプロジェクトの担当者も、自分の暮らしを自分の手でつくることを楽しんでいたことだ。羨ましく思ったのと同時に、帰国後「自分でもやってみたい」という思いが高まった。そんな時に出会ったのが小杉湯だったのだ。

　現在はこれらの学びを活かし、実践的計画に基づいたまちづくりが、私のライフワークとなった。計画者・当事者の両方の視点を統合する役割を自分の職能と捉え、生きた場を創出する。その代表例が、銭湯ぐらしの取り組みである。

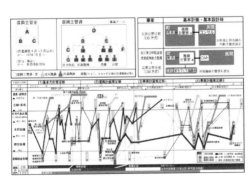

復興体制と会議での議題の推移（出典：加藤優一ほか「復興に向けた自治体の計画策定プロセス」「復興に向けた自治体の組織体制の構築」『日本建築学会学術講演梗概集』2014年）

実践的計画による「まちづくり」

筆者の働き方

実践的計画に基づくまちづくり手法：
場と人をネットワークする

　私たちが行ってきた取り組みを俯瞰してみると、ある特徴が見えてくる。それは、「場と人の呼応関係」があることだ。その関係を整理するために、小杉湯が創業してから現在に至るまでの経緯を振り返ってみる。まず、初代が「小杉湯（場）」をつくり、二代目が客層を広げた。次に、広がった「お客さん（人）」の中にいた筆者が、「風呂なしアパート（場）」の活用提案を行い、三代目が活用を委ねることで「銭湯ぐらしメンバー（人）」が住人になった。続いて私たちが新しい拠点「小杉湯となり（場）」を企画・運営することで、「会員・関係者（人）」が集まってきた。そして、そのつながりの延長に「周辺の空き家活用（場）」が生まれ、関係性はさらに広がっている。このように、場に人が集まり、集まった人が新しい場をつくる、という動きが連鎖していることがわかる。

　まちづくりには多様な手法があるが、実践的計画が示してくれるのは、場と人をネットワークする視点だ。最初は1つの点として生まれた活動を、当事者としてつなぎ合わせ、面に展開していく。この手法は、計画の対象を「場」に限定せず、「人」や「時間」まで視野に入れ、実践を伴うことで実現しうる。

人が集まる場の共通点：
日常の延長に寛容な場があること

　また、各拠点で起きている現象にも共通点がある。それは「関わりやすい場」があることで人が集まり、関わる人の「多様性・主体性」が育まれていることだ。重要なのは、日常的に使える「暮らしの拠点」であることが、各拠点を関わりやすい場にしていることである。そこに、一人でも居やすく他者との接点もある「コミュニケーションの選択性」があり、「自分が居てもいい」「何かやってもいい」と思える場の運営がなされていることが、多様性・主体性を育んでいる。

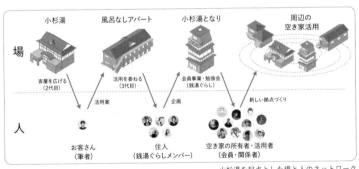

小杉湯を起点とした場と人のネットワーク

各拠点の共通点

こうした場の特徴を私は小杉湯から学び、銭湯つきアパート・小杉湯となりという銭湯ではない場所に引き継いできた。銭湯の居心地は、他の場づくりにも応用可能な知見なのだ。

　改めて「銭湯から広げるまちづくり」の成果を振り返ると、銭湯という地域資源を起点に、暮らしの拠点を広げることで、まち全体を家のように楽しめる状況を生み出してきた。そのベースに必要だったのは、①関わりやすい場のデザインと、②関わる人の多様性・主体性を育むマネジメントであり、その実現のためには、③当事者としてプロジェクト全体に関わりながら、関わる人と場をネットワークする実践的計画が必要だったと整理することができる。

　まちづくりとは、事業を伴う場づくりの連続的なプロセスの結果であり、事前に計画できることばかりではない。一連の流れに身を置きながらフィードバックを繰り返すことが大切なのだ。計画者の視点でまちを客観的に見つつも、実践者の視点でまちを主観的に体験することでしか描けない風景がある。だからこそ私は、ゆかりのない土地で計画者としてまちづくりに携わる場合も、仕事を受けるルールとして、その地域で当事者意識を持って活動する人と一緒に取り組むことを前提にしている。実践する人がいてはじめて、計画は意味を持つのである。

6-2

実践的計画から見えてきた、
新しい空間と組織

ネットワーク型の空間と組織

　最後の節では、計画者・実践者の両方の視点を持つことで見えてきた、これからの空間・組織のあり方を考察したい。

　私たちは、場づくり・組織づくり・まちづくりのいずれにおいても、「銭湯の居心地」「銭湯のように長く続く状態」をどのようにつくれるかを追求してきた。結果的に導かれた仮説は、小さい場所や個人をネットワークする視点が、居心地の良い空間と持続可能な仕組みをつくるということだ。

　場づくりでは、個人の居場所を確保したうえで多様な人が関わる空間を目指してきた。組織づくりでは、一人ひとりの主体性が集まることで成り立つ仕組みを考えてきた。まちづくりでは、地域に点在する資源をつなぐことで取り組みを広げてきた。

　そしてこの視点は、従来の「生活拠点」「共同体」「公共空間」のあり方が変わりつつあることにも気づかせてくれた。

「生活拠点」＝住宅・職場・第三の場所のネットワーク：
家の概念がまちに広がる

　まずは小杉湯となりから見えてきたライフスタイルの変化に着目して、これからの生活拠点のあり方について考えたい。特に都市の暮らしにおいては「住宅・職場・第三の場所」の境界が緩やかになり、家の概念はまちに拡張していくと考えている。

　コロナ禍で明らかになったのが、現代のライフスタイルと住宅の間取りが合っていないことだ。なかでも賃貸住宅は、限られたスペースに機能を詰め込み過ぎていたことが露呈した。単純に「狭い」「仕事場がない」という物理的な問題に加え、一人暮らしの場合は「他者との接点がない」、逆に同居人がいる場合は「距離が近すぎる」という精神的な問題も見受けられた。

　そこで、住まいのあり方を捉え直したい。住宅自体を見直す視点もあるが、ここでは自宅以外に生活拠点を持つ視点から考える。小杉湯となりの利用者は、自宅で仕事をして小杉湯となりでくつろぐ人もいればその逆の人もいて、住宅と職場を気分や状況に合わせて自由に組み変えている。さらに、徒歩圏内に複数の拠点があることで、まち全体を家のように使いこなしている。自宅でお風呂に入るか、小杉湯に行くか。小杉湯となりで自炊をするか、近所のお店に食べに行くか。というように、暮らしの選択肢があることで、生活

環境が充実している。

　まちに生活拠点があることは、社会課題の解決にもつながる。単身世帯や家庭内での孤立が問題になっているが、他者との交流が億劫な人でも、銭湯や食堂のように生活の延長にある場所であれば、目的意識を持って外出しやすい。他者と関われる居場所の有無は、幸福度を左右する重要な要素であり、自己同一性を保つ手段にもなりうる。また、暮らしをまちに開く人が増えることは、自律的なまちづくりにも寄与する。コロナ禍において、オフィス街からは人が居なくなったが、高円寺のような生活に密着したエリアでは、適度に人が出歩き、地域を守ろうという人たちが積極的に近くのお店に通った。住宅・職場・第三の場所を一体的に考えることは、生活の充実だけではなく地域の持続可能性にもつながる。これからは建物単体ではなく、まち全体を生活拠点として計画する視点が必要だ。

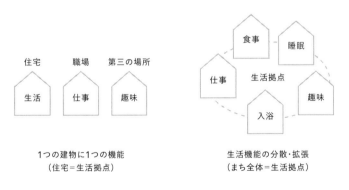

1つの建物に1つの機能
（住宅＝生活拠点）

生活機能の分散・拡張
（まち全体＝生活拠点）

生活拠点の捉え方

「共同体」＝家族・会社・コミュニティの重なり：
持ち寄り型のプラットフォーム

　次に銭湯ぐらしという組織の試行錯誤から、共同体のあり方について考えてみたい。これからは家族・会社・コミュニティが重なり合うような組織に、複数関わる人が増えるのではないかと考えている。

　株式会社銭湯ぐらしは、法人の役割を「個人が理想の暮らし方を実現するプラットフォーム」と位置づけている。メンバーはほかにもいくつかの組織に関わっており、それぞれのスキル・時間・興味を持ち寄って活動している。よく「仕事も考え方も違うのに問題は起きないのか？」と聞かれるが、大きなトラブルもなく1つのチームが成立している。これはひとえに、メンバー全員が「銭湯のある暮らし」という生き方、そして小杉湯・小杉湯となりという暮らしの拠点を共有しているからだろう。また、「なぜ法人化したのか？」と聞かれることも多いが、持続可能な組織をつくるための最善策を考えた結果でもある。風呂なしアパートでの生活実験が、一過性のプロジェクトや属人的なコミュニティにならなかったのは、私たちが経済活動を生むことを選んだからだ。多様な価値観を持ち寄ることで個人ではつくれない事業を生み出す。また一方で、金銭的報酬だけでなく生活基盤や社会関係資本を共有する。この生活・仕事・

交流のベースがあることで、メンバーは多様な関わり方を実現できている。新しい事業に挑戦する人もいれば、子どもに地縁をつくるために小杉湯となりを支える人、ボランティアで関わりながら豊かな生活環境を手に入れる人もいる。

あるいは銭湯ぐらしという組織は、日本に昔からある「百姓」のような生き方の集合体と捉えられるかもしれない。百姓には多様な生業を持つという意味があるそうだ。複数のスキルと収入源を持ち仕事と生活がシームレスにつながる生き方だ。1つの組織にすべてを委ねる時代は終わりつつある。属人的なコミュニティは関係性が悪くなれば失われてしまうし、家族だけに生活の機能を求めるには負担が大きい。1つの会社に安定を求める時代でもないだろう。これから必要になるのは、それぞれの役割を融合した組織ではないだろうか。こういった組織に複数関わることが、日々を充実させ、人生のセーフティネットにもなりうる。近代が生んだ分断や分業化が、再統合されようとしているのかもしれない。

1つの組織に1つの役割　　　　　役割の重なり

共同体の捉え方

「公共空間」＝私的空間が集まり、共有空間が現れる場：
個人と時間を内包する公共性

　最後は、公共空間を捉えなおしたい。「だれにでも開かれた場所」と捉えられている公共空間だが、「適度に閉じる」ことで結果的に開かれる場合もある。加えて、大きな計画によってつくられる不変的な空間としてではなく、個人の行為から生まれる可変的な空間として捉えることに可能性を感じている。

　まず公共空間と聞くと、自治体が管理する公園などをイメージする人が多いかもしれない。しかし、はたしてその公園は本当に「開かれた場所」だろうか？ 例えば近所の公園を思い浮かべてみてほしい。マナーが悪い人がいて入りにくい、禁止看板だらけで何もできない……そんな公園は珍しくない。特に近代以降は、利用者に使い方を委ねる公共空間が大量につくられたものの、だれもが上手に使いこなせるわけではなかった。「みんな」という漠然とした利用者像を設定した結果、多くの人に「閉ざされた場所」が生まれたのだ。他方で、民間が運営する銭湯は、一般的な公共空間の定義には当てはまらない。しかしながら、入浴料を払えばだれもが利用でき、心身の健康を保つことができる。世代も肩書も気にせずに多様な人が共存できるという意味では、公共性の高い場所だ。

　小杉湯では、早い時間にはお年寄りや常連が集まり、自然と世間

話が始まる。遅い時間になると、今度は若者が増えてくる。一人で
ゆっくりする若者が多いものの、顔馴染みの人がいれば会釈をする
し、番台で会話をする人もいる。同じ場所でも時間ごとに利用者の
属性があり、時にそれらが越境し関わり合う。「みんな」がつながる
場所ではないが、名前は知らないけど見たことがある「あの人」
が集まる場所だ。銭湯では、入浴という私的な行為を共有する前提
に加え、「顔の見える関係性（適度に閉じた状態）」があることで、
安心して私的な空間を持ち寄ることができる。そのうえで「コミュ
ニケーションの選択性（一人でも居やすく交流の接点もある状態）」
が保たれるため、関わりやすい場が醸成されているのだ。この状態
は前述の公園より「開かれた場所」と言えるのではないだろうか。

　では、この場所を「公共空間」だと仮定したうえで、「共有空間」
と「私的空間」がどのように関係しているかに着目したい。ここで
いう「共有空間」「私的空間」とは物理的なシェアスペースではな
く、現れては消える状態（一時的な空間）を意味する。

公園：行政が管理する公共空間　　　　銭湯：民間が運営する場所

早い時間、世間話をしている常連客にとっては浴室の一部が彼らの共有空間になる。若者が増えてくるとその共有空間は消失し、代わりに若者の私的空間がいくつも持ち寄られた状態になる。とはいえ彼らも知り合いがいれば会話が生まれ、そこには別の新しい共有空間が現れる。

　かつて、公共空間と私的空間は分けて考えるのが一般的だった。また、両者の間にコミュニティスペースのような共有空間をつくるという発想もあった。しかしどちらも、空間から行為を規定する考え方であり、空間の役割は固定されている。一方で銭湯から見えてきたのは、可変的な個人の行為から空間を捉える視点だ。この視点から見ると、開かれた公共空間とは「私的空間を持ち寄ることができる空間」であり、共有空間とは「私的空間がネットワークすることで現れる一時的な空間」と捉えることができる。言い方を変えると、公共空間は「私的空間と共有空間を内包しうる空間」であり、時間によって変化する状態こそが公共的だと言える。

　少し話が飛躍するが、公共的な場所とは、「市民同士が直接意見を交わす場所」だという捉え方もある。そう聞くとハードルが高いと思う人も多いはずだ。しかしながらこれも、「暮らし」という私的な行為を持ち寄ることを想像すれば、自分ごとになるはずだ。銭湯では世間話の延長で、意見を交わすことがある。小杉湯となりでも、生活の一部を共有する過程で互いを知り、深い話になることが

ある。暮らしを持ち寄ることで互いの日常が現れ、そこに接点があれば会話につながることもある。持ち寄る暮らしは入浴だけではなく、食事・洗濯・仕事・趣味などさまざま行為がある。教育・医療・福祉などライフステージに応じて関わる活動も含まれるだろう。いずれにせよ、場に暮らしの要素を取り入れることが、自らを開き、他者への寛容さを生む一助になる。

　公共空間をつくる際は、不特定多数に開くことを前提に規制の方法を考えるのではなく、適度に閉じることを認めたうえで、暮らしを持ち寄れる空間を計画したほうが、開かれた公共空間の実現には近づくはずだ。また前述した公園でも、個人で家具を持ち寄ったり、仮設のお店をつくったりすることで、関わりやすい場に変化することもある。大きな計画ではなく、自らできることから考えはじめ、他者との関係性を保てる規模や交流の接点、続ける仕組みなどを試行錯誤していく。このプロセスが、これからの公共空間をつくるヒントだと考えている。

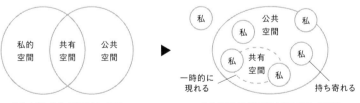

公共空間：私的空間と対の概念
（共有空間：その間につくるもの）

公共空間：私的空間を持ち寄れる空間
（共有空間：私的空間のつながりで現れる）

公共空間の捉え方

以上のように、これまで俯瞰的・静的に捉えていたものを、主観的・動的に捉えることで見えてくる未来がある。それは、集約型・所有型から分散型・共有型へと変化していく風景だ。これは、銭湯から広げるまちづくりを実践してきたことで得た気づきではあるが、現代における価値観の変化とも見て取れる。

ほどよいご近所づきあいを求めて：所有から接続へ

　小杉湯となりに居ると、よく声を掛けられる。スタッフとの雑談や会員さんからの相談、近所に住む大家さんのお裾分けなど。その様子を見た人は「東京じゃないみたいだ」と言う。東京なのに東京に見えない理由は、ご近所づきあいのような状態が生まれているからだろう。私たちが求めているのは、この適度なつながりなのかもしれない。村社会的な近すぎる関係性でもなければ、都会的な遠すぎる関係性でもない。ほどよい距離のコミュニケーションだ。

　これまで人々の生活圏は、集落から学区、駅やコンビニというように、共同体から個人へと移行してきた。しかし、強いつながりから開放された一方で、気づけば弱いつながりすらも失ってしまった。今求められているのは、その中間にあるコミュニケーションではないだろうか。銭湯が生活のインフラだった時代、まちには暮らしをシェアするご近所づきあいがあった。当時と違うのは、生活拠

点を「所有できない」のではなく「あえて共有」している点だ。かつての閉鎖的なコミュニティとは似て非なる。「銭湯のある暮らし」が示すのは、自立した個人が、自分の距離感で交流を図る、古くからあるようで新しいコミュニケーションなのだ。

　2016年、私は前著『CREATIVE LOCAL ／エリアリノベーション海外編』で「所有から所属へ」という論考を書いた。世の中の価値観が、所有から共有へと移行する背景には、新しい共同体への帰属意識が求められていることを考察した。2023年、あれから7年以上経った今「所属から接続へ」という価値観の変化が起きているように思う。「接続」は「所属」よりも弱いつながりであり、一歩手前の状態だ。最初からコミュニティに参加せずに、まずは自分の距離感で関われる接点を持つ。そして相性の良いものを選び、少しずつ関わりを深くしていく。接点は複数あっていい。他者との関係性をつくるために、太い一本の線を選ぶのではなく、細い線を重ね合わせる感覚だ。これは、空間や組織のつくり方に影響する。集約から分散へ、所属から接続へ。本書で述べてきた銭湯的な場と人の関係性は、現代に求められる価値観なのかもしれない。

おわりに：辛いときに支えてくれた銭湯と父

　銭湯を教えてくれたのは父だった。故郷である山形県は各市町村に温泉があり入浴文化が盛んだが、父も毎朝銭湯に通っており、物心つく頃には一緒に行くようになった。

　それ以降、銭湯は人生の辛いときに助けてくれる大切な存在になっていった。私の幼少期は、父が美術教員だったこともあり、お絵かき少年だった。ゲームで見たまちなみを模写したり空想の世界

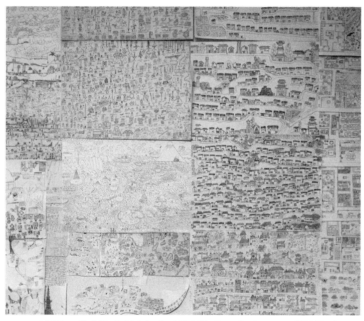

A1用紙いっぱいに描いたまちなみ。ゲーム（がんばれゴエモン）のトレースには銭湯も描かれている

を描いたり、のびのび過ごしていた。しかし楽しい日々もつかの間、学校でいじめられてしまい落ち込んだ時期があった。そこで父が何も言わず連れていってくれたのも銭湯だった。

そこにはいつも笑顔で挨拶してくれるおじいさんや、一見恐そうだが優しいお兄さんがいた。子どもながらに広い世界に触れたような、だれかとつながっているような気がして、寂しさや辛さは軽くなった。銭湯のおかげで、この時期を乗り越えることができ、その後は部活や学校行事で主体的に活動できるようになった。

10年ほど前、父が病気になり介護が必要になった。定期的に帰省して母のサポートをしていたが、仕事がうまくいかない時期と重なったうえ、身内の話をだれにも相談できず、自分の精神状態も不安定だった。そんな時、1人で銭湯に行こうと思った。大きくてあたたかい湯船に浸かった瞬間、身体の力が一気に抜けたのを覚えている。自分のことはだれも知らないけど、心地よさを共有できる人がいる。その関係性に救われた。その後、母の支えもあって父が奇跡的に回復を見せた時期があり、一緒に銭湯に行けたのが本当に嬉しかった。大変なこともあるが湯に浸かると自然と良い顔になる。銭湯を教えてくれた父はこの本の執筆中に亡くなってしまったが、辛いことがあっても銭湯があれば乗り越えられるような気がしている。銭湯ぐらしの活動ができているのは、二人のおかげに他ならない。

父の介護によって、家族の大切さを感じたと同時に、家族だけを頼っていく難しさも実感した。家事・育児・介護家事・育児・介護……家族の単位は小さくなっているにもかかわらず、求められることは多いままだ。家族の役割も分散していくほうが健全なのではないかと感じはじめたのは、この頃からだ。もちろん、親密な帰属先は必要だが、選択肢は複数あっていい。そして、その役割を担うことができるのは人だけでなく、時に場所でもある。

　銭湯ぐらしでは、メンバー間で人生相談している様子をよく見かける。あるメンバーは、家族や友人にも相談しづらいことを、人生の先輩であるスタッフに相談して、心が救われたと言っていた。あるメンバーは、子育てに行き詰まった時に小杉湯となりという居場所があって助かったと話す。私自身は、家族の問題に行き詰まった時、銭湯という逃げ場があったことで、なんとか精神状態を保つことができた。銭湯ぐらしのような組織、小杉湯となりのような場所をつくりたかったのは、こうした個人的な思いがあったからだ。

　だれにでも、嬉しいときや辛いときがある。そんなときに支えてくれる銭湯のような場所、銭湯のような組織を残していくために、銭湯ぐらしの試行錯誤を続けていきたい。

謝辞

この本は、構想から2年を経て出版に至った。私たちの活動に興味を持ってくださり、最後まで面倒な相談に付き合ってくれた、学芸出版社の岩切江津子さん。彼女が居なければ、ここまで来ることはできなかった。編集をサポートしてくれた加藤友理、表紙のイラストを担当してくれた神岡真拓の存在も不可欠だった。

次に、銭湯ぐらしのメンバーに感謝を伝えたい。風呂なしアパートでの生活と会社設立を支えてくれた、伊藤直樹、堀優紀、青木優莉、菅谷真央、宮早希枝、塩谷歩波、大黒健嗣、江本祐介、小川高弘、レイソン美帆。私たちに事業を任せてくれた平松佑介さん・茂さんはじめ小杉湯のみなさん。一人でも欠けていたら、この実験は始まっていたなかったと思う。

また、小杉湯となりの立ち上げから尽力してくれた、山﨑紗緒、吉田さとる、平井淳也、豊嶋帆奈美、篠原豪太、安田明日香、冨田瑞季、吉本淳、玉那覇双葉、金子和美、阿部清之、矢野夫妻、原岳、安里美紀、T/Hの樋口耕介さん・瀧翠さん。現在の運営を支える、樋口久菜、小林友希、勝野楓未、野口百合子、田中優之介、倉内真梨子。加えて、2023年4月以降に加わった新しいメンバー。ここに居る一人ひとりの力で、小杉湯となりの居心地はつくられている。

さらに、新しい事業を推進している、北嶋緒里恵、渡邊あかり、水野由貴、小澤一嘉、蔵本瞳、髙橋朋之、中村拓、佐藤駿郎、村田香菜子、中村青葉、熊谷紗希、中島あゆ美、安藤菜々子、宮田サラ、秋山晋吾、藤澤春菜、藤元藍理、小林弘典。活用する拠点のオーナーである味覚のギャラリーの荒牧さん、湯パートやまざきの内田さん・和栗さん。多様なメンバーの協力があることで、銭湯のある暮らしの可能性は広がり続けている。

　その他にも小杉湯・小杉湯となりの利用者さん、連携するお店・企業・生産者のみなさん。ひいては、今回取材に協力いただいた銭湯経営者さんをはじめとした、銭湯を愛する方々のおかげで私たちの活動は成り立っている。この場を借りて感謝を申し上げたい。

　そして、この本をきっかけに私たちの活動に興味を持ってくれた人や、これから銭湯を好きになる人との出会いを楽しみにしている。このつながりが広がることで、結果的に銭湯の文化が継承され、これからの暮らしがより良いものになっていくことを願っている。

加藤優一

問い合わせ：https://sentogurashi.com

図版クレジット

・小杉湯：p.18、19、32、33、34(上・右下)、35、37(上・左中・右中・右下)、39(右)、56(左中・右
　　　　中・左下)、67(上)、87(上)

・塩谷歩波：p.21、24(左)、25(左)、28(左)、48、49(中央イラスト)、55、56(右下)、57、107(上)

・加藤優一：p.22、23、30、45、47、62、63、64、65、67(下)、69、70、83(上)、85、96、145、
　　　　　148、157、178、197、199(右)、201、205、207、209、211、214

・T/H：p.6、7、24(右)、25(右)、28(右)、83(下)、90、91

・銭湯ぐらし：p.2、26、27、29、48(写真)、49(写真)、50、51、52、53、54、58、59、60、66、79、
　　　　　　87(下)、89、93、103、104、107(左中・右中・左下・右下)、111、113、114、115、
　　　　　　117、118、119、121、123、125、126、128、129、130、132、134、135、136、
　　　　　　137、139、143、146、147、158、160、161、163、165、166、169、171、172、
　　　　　　173、175(左)、188、189、190、191、192、193

・須古恵：p.34(左下)

・IKEUCHI ORGANIC：p.37(左下)

・あおとくる：p.56(上)

・東急不動産株式会社：p.175(右)

・kouno yurika：p.185(右上)

・日本まちやど協会：p.185(右下)

・Yuka Ikenoya(YUKAI)：p.187(左)

著者略歴

加藤優一（かとう・ゆういち）

建築家、（株）銭湯ぐらし代表取締役、（一社）最上のくらし舎共同代表理事、Open A＋公共R不動産パートナー、東北芸術工科大学専任講師。1987年山形県生まれ。東北大学大学院博士課程満期退学。デザインとマネジメントの両立をテーマに、建築の企画・設計から運営・研究に至るまでのプロセス全体に携わる。銭湯を起点にしたシェアスペースの経営や、地域資源を活かした空き家再生など、事業の視点からまちづくりを実践中。近作に「小杉湯となり・銭湯つきアパート」「佐賀県庁・城内エリアリノベーション」「旧富士小学校の再生」など。近著に『テンポラリーアーキテクチャー』『CREATIVE LOCAL』（学芸出版社・共著）など。

銭湯から広げるまちづくり
小杉湯に学ぶ、場と人のつなぎ方

2023年7月26日　第1版第1刷発行

著者	加藤優一
発行者	井口夏実
発行所	株式会社 学芸出版社
	〒600-8216
	京都市下京区木津屋橋通西洞院東入
	℡ 075-343-0811
	http://www.gakugei-pub.jp/
	info@gakugei-pub.jp
編集担当	岩切江津子・森國洋行
営業・広報担当	中川亮平・沖村明日花・安井葉日花
装丁・DTP	美馬智
装丁イラスト	神岡真拓
本文イラスト	塩谷歩波
印刷・製本	モリモト印刷